Energie und Geld sparen

Die besten Tipps & Infos

1. Auflage Oktober 2022

Copyright © 2022 bei
Kopp Verlag, Bertha-Benz-Straße 10, D-72108 Rottenburg

Lektorat: Alain Estermann
Illustrationen, Bilder, Layout: opus verum, München
Umschlaggestaltung: Nicole Lechner

ISBN: 978-3-86445-893-4

Gerne senden wir Ihnen unser Verlagsverzeichnis
Kopp Verlag
Bertha-Benz-Straße 10
D-72108 Rottenburg
E-Mail: info@kopp-verlag.de
Tel.: (0 74 72) 98 06-10
Fax: (0 74 72) 98 06-11

Unser Buchprogramm finden Sie auch im Internet unter:
www.kopp-verlag.de

Ulrich Grasberger

Energie und Geld sparen

Die besten
Tipps & Infos

KOPP VERLAG

Zum Autor:

Ulrich Grasberger war viele Jahre Verleger mehrerer großer Ratgeberverlage. Seit nun 20 Jahren vermittelt beziehungsweise gestaltet er in der eigenen Agentur Autoren und Sachbuchthemen für Verlage.

Als geborener Schwabe hat er eine Schwäche für Verbraucherthemen. Die Wende in der Energieversorgung hat ihn herausgefordert, eine neue Orientierung für eine brauchbare individuelle Strategie zu finden. Dabei geht es darum, diese Krise finanziell zu bewältigen, Energie langfristig zu sparen und nebenbei auch das Klima zu schützen. Ein Klimawandel wird alle gegenwärtigen Überlegungen in der Zukunft noch vehement und grundlegend verschärfen.

Wegschauen wird nicht möglich sein.

Vorwort

Nein, wir sind Gasversorgern und Energieunternehmen oder übellaunigen Autokraten nicht ganz schutzlos ausgeliefert. Verbraucher haben die Möglichkeit, durch geschicktes Verhalten Energie einzusparen. Das hilft dem eigenen Geldbeutel und auch der Natur. Denn ein geringerer Energieverbrauch bedeutet auch, dass unser ökologischer Fußabdruck kleiner wird. Das ist ein insgesamt wichtiger Schritt in eine nachhaltige Energiewirtschaft – auch wenn der Weg noch weit ist, so ist es die richtige Richtung.

Hoffen wir, dass Wirtschaft und Politik die Zeichen der Zeit verstehen. Dann erfüllt unser Beitrag als Verbraucher über den persönlichen finanziellen Vorteil hinaus einen wichtigen Zweck.

Unser Lebensstil ist mit einem hohen Energieverbrauch verbunden. Aber mit manchmal mehr und oft mit wenig Aufwand lassen sich schnell 10 und mehr Prozent unserer Energierechnung in unserem Haushalt einsparen. Sogar Kleinigkeiten summieren sich mit der Zeit.

Schlaue Spartipps im Buch helfen dabei, das eigene Einsparpotenzial herauszufinden.

Ein geringer Energieverbrauch bedeutet auch, dass unser **ökologischer Fußabdruck** auf dieser Welt kleiner wird. Nur so ist auch für unsere **nachfolgenden Generationen** ein Überleben möglich.

Stand-by-Geräte oder der WLAN-Router müssen nicht immer laufen. Den Wasserhahn beim Zähneputzen nicht durchgehend laufen zu lassen, hört sich kleinlich an, summiert sich aber beim Warmwasserverbrauch. Die Heizkörper regelmäßig lüften und LED-Lampen sind selbstverständlich. Wasserkocher sind Stromsauger, aber günstiger als die Herdplatte. Deshalb nie mehr Wasser aufkochen, als Sie brauchen. Die Investition in eine stromsparende Heizungspumpe, programmierbare Thermostatventile oder einen neuen Kühlschrank und eine effiziente Induktionskochplatte mit Backofen lohnt sich schnell, und für eine neue Haustür und gut schließende Fenster gibt es für Wohnungseigentümer üppige Förderungen, die dieses Energieprojekt schon in wenigen Jahren zum kosten- und energiesparenden Deal machen. Vielleicht lässt sich Ihr Vermieter ja überzeugen.

Dafür müssen Sie als Mieter nicht einmal fragen: Ein Balkonkraftwerk mit Solarzellen vor dem Balkon können Sie selbst installieren und jeden Tag zusehen, wie die persönliche Stromrechnung kleiner wird. Ein neuer Fernseher braucht auch entschieden weniger Strom, natürlich mit Stromleiste zum Ausschalten. Das macht alles sogar Spaß und gute Laune.

Aber auch außerhalb der eigenen vier Wände kommt umweltbewusstes Verhalten gut an.

Bahn statt Flugzeug ist innerhalb Deutschlands und zwischen Ballungszentren kein Zeitnachteil mehr. Carsharing muss man einmal für sich testen. Früher losfahren und dafür sanft mit dem Gaspedal umgehen ist mehr eine Sache der Gewohnheit und der Vernunft als des Temperaments. Das Rad ist in der Stadt sowieso unschlagbar, und wer müde Muskeln hat, kann ja über ein E-Bike nachdenken.

Sehen Sie beim Lesen der besten Energiespartipps weniger den erhobenen Zeigefinger, sondern suchen Sie mit Entdeckerlaune nach cleveren Tipps, die zu Ihnen als Verbraucher und zu Ihrer Lebensweise passen. Sie sollen ja nicht verzichten, sondern Spaß haben dabei, sich selbst und die Umwelt neu und bewusst zu erleben. Und wenn Sie dabei langfristig auch mehr Geld in der Tasche haben für schöne Dinge, die Sie sich schon immer gewünscht haben, dann ist das doch eine Win-win-Situation für alle Beteiligten plus die Natur.

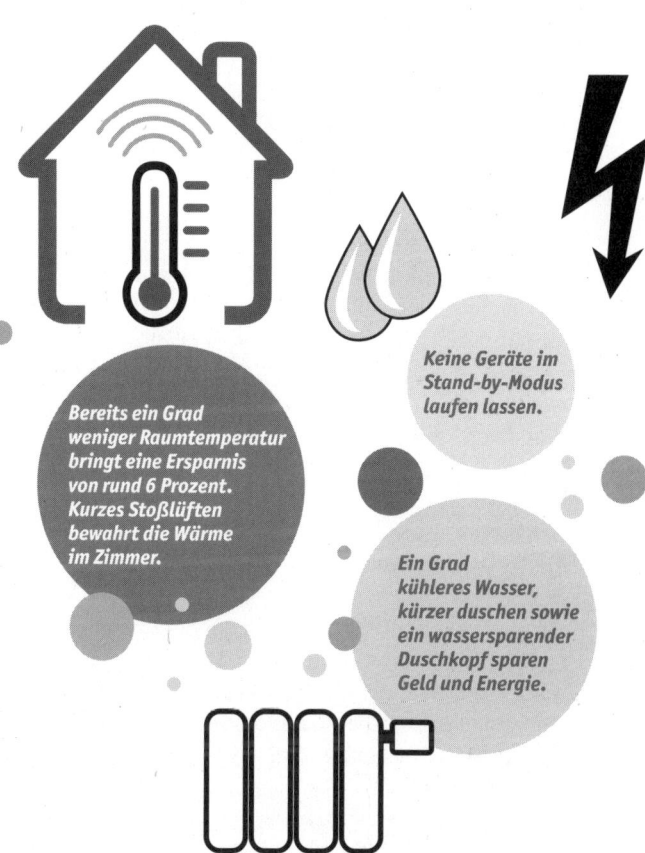

Keine Geräte im Stand-by-Modus laufen lassen.

Bereits ein Grad weniger Raumtemperatur bringt eine Ersparnis von rund 6 Prozent. Kurzes Stoßlüften bewahrt die Wärme im Zimmer.

Ein Grad kühleres Wasser, kürzer duschen sowie ein wassersparender Duschkopf sparen Geld und Energie.

Inhalts-
verzeichnis

Es liegt nicht zuletzt mit an unserem Verhalten, ob eine fette Energiekostenrechnung droht.

Mit den Tipps aus diesem Buch bleibt die Rechnung schlank.

Das spart Geld und Energie

Die **persönliche** Checkliste zum Ankreuzen.

HEIZEN

☐ Die Raumtemperatur um ein Grad senken. Das spart bis zu 10 Prozent der Heizkosten.

☐ Heizkörper regelmäßig entlüften. Hinter den Heizkörpern eine Reflexionsmatte anbringen.

☐ Nur Räume heizen, die auch benutzt werden. Türen schließen.

☐ Programmierbare Thermostatventile helfen bei der Wärmeregelung.

☐ Nur kurz stoßlüften und keine Fenster kippen.

☐ Neue Dichtungen für undichte Fenster. Rollläden dämmen in der Nacht zusätzlich.

☐ Sind die Fenster alt, sich über die Möglichkeit einer Renovierung mit besonders wärmegedämmten Fenstern erkundigen.

☐ Eine gut gedämmte Wohnung mit entsprechendem Energieausweis verbraucht weniger Energie. Ist ein Umzug möglich? Eine höhere Miete wird durch Energieeinsparungen ausgeglichen.

☐ Nicht dauerhaft mit
Heizlüftern heizen.
Das sind Stromfresser.
Besser eine Split-Klima-
anlage als Zusatzhei-
zung einbauen lassen.

WARMWASSER

☐ 2–3 Minuten
duschen statt baden.

☐ Sparduschkopf
verwenden.

☐ Im Urlaub Heizung
und Warmwasserauf-
bereitung abstellen.

☐ Heizung und Warm-
wassererzeugung nach
individuellen Nutzungs-
zeiten einstellen.

☐ Wasser mit dem
Wasserkocher auf-
kochen. Aber nur so
viel Wasser erwärmen,
wie auch gebraucht
wird. Nicht mehr.

WASCHEN

☐ Nach 15 Jahren
ist es Zeit für eine
neue Waschmaschine.
Beim Kauf auf Energie-
sparlabel achten.

☐ Auf Vorwäsche
verzichten.

☐ Nur vollgefüllte
Waschmaschinen laufen
lassen.

☐ Mit niedriger
Temperatur im Öko-
programm waschen.

☐ Auf Wäschetrockner verzichten. Gut geschleuderte Wäsche an die Leine hängen und glatt ziehen. Dann kann man auf das Bügeln verzichten.

KÜHLEN

☐ Nach 15 Jahren den Kühlschrank austauschen. Nicht zu groß und nicht zu klein.

☐ Beim Kauf auf Energiesparlabel achten.

☐ Regelmäßig abtauen.

☐ Keine noch warmen Speisen in den Kühlschrank stellen.

☐ Kühlschrank an einem kühlen Platz und nicht neben der Heizung aufstellen.

KOCHEN UND BACKEN

☐ Nach 15 Jahren Backofenset austauschen. Beim Kauf auf Energiesparlabel achten.

☐ Induktionskochplatten verwenden.

☐ Immer mit Deckel kochen und garen.

☐ Mit Umluft und auf mehreren Ebenen gleichzeitig backen spart Energie.

☐ Mikrowelle nur für kleine, schnell zuzubereitende Gerichte nutzen.

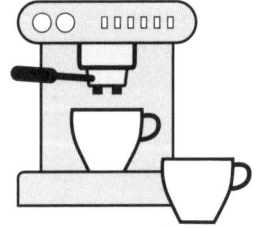

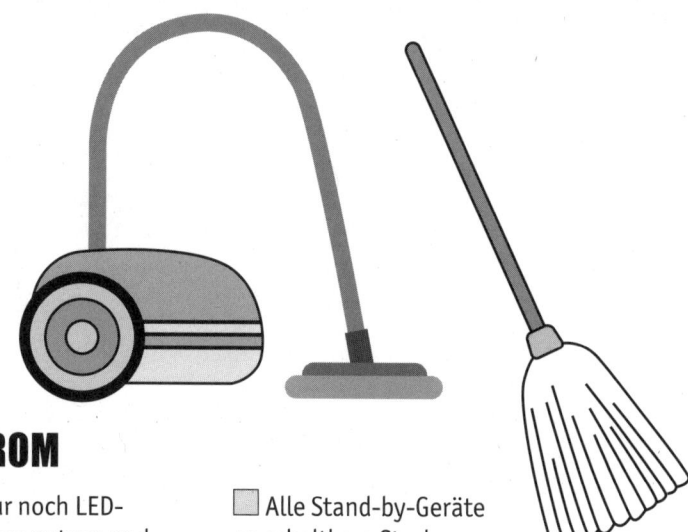

STROM

☐ Nur noch LED-Lampen nutzen und diese nicht unnötig brennen lassen.

☐ Computer und Peripheriegeräte verbrauchen auch im Stand-by-Modus sehr viel Strom. Bei Pausen das Gerät abstellen.

☐ Alte Zirkulations-pumpe gegen Hoch-frequenzpumpe in der Heizung austauschen.

☐ Altes TV-Gerät gegen einen modernen LED-Fernseher tauschen. Auf Energielabel achten.

☐ Alle Stand-by-Geräte an schaltbare Stecker-leiste oder Steckdose anschließen und nach Gebrauch vom Netz trennen.

☐ Statt Staubsauger öfter Kehrschaufel und Besen verwenden.

☐ Eine Mini-Solar-anlage verringert die Stromrechnung um 10 Prozent und mehr.

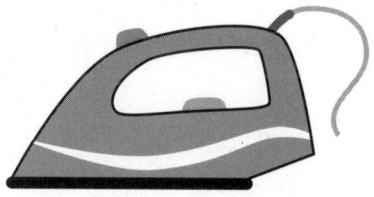

Mein persönlicher Energiecheck

Die meisten Energiespartipps in diesem Buch sind für alle möglich und anwendbar. Die persönliche Situation macht aber einen großen Unterschied. Wohnen Sie als Mieter in einem Mehrparteienhaus oder als Eigentümer in einem Reihenhaus beziehungsweise Einzelhaus? Der Handlungsspielraum ist als Eigentümer in einem alleinstehenden Haus nicht vergleichbar mit den Zwängen und Einschränkungen einer Mietpartei in einem Hochhaus.

Auch als Eigentümer in der Eigentümergemeinschaft eines Hauses mit vielen Anteilseignern brauchen Sie für größere Entscheidungen ein Mehrheitsvotum. Ob Sie generell besser dämmen, Fenster erneuern und welche Art von Heizung gewählt wird, ist oft vorgegeben. Aber darüber hinaus gibt es sehr viele Möglichkeiten, seinen persönlichen Energiehaushalt smart und clever ohne große Einschränkungen zu reduzieren.

Die meisten Tipps sind für jeden und überall möglich. Suchen Sie sich die individuell besten Sparmöglichkeiten heraus, die für Ihre Situation passen und gut umsetzbar sind.

Wir haben keine zweite Erde. Mitmachen beim Energiesparen.

Der Erdüberlastungstag

Energie sparen bedeutet mehr, als das Licht auszumachen, wenn es nicht mehr gebraucht wird. Wir spüren alle die Vorboten der kommenden Jahre und merken mehr als deutlich, dass die Zeiten günstiger Energiepreise vorbei sind. Es mag wieder ruhige Jahre geben, aber der Vorgeschmack auf Verteilungskämpfe um die Ressourcen des Lebens haben begonnen.

Es ist noch ein weiter Weg, bis wir Energie nachhaltig produzieren, aber auch die Rohstoffe werden nicht mehr, und einfach verbrauchen, wegwerfen und verbrennen sind keine Option für die Zukunft der Menschheit. Energiesparen ist also eng verknüpft mit dem Bemühen um eine Kreislaufwirtschaft. Viele Profite bei

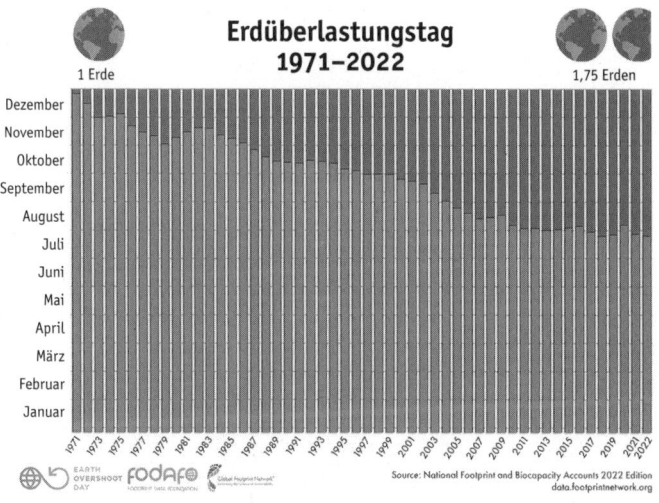

der Gewinnung von Rohstoffen und der Herstellung von Produkten gehen zulasten der Natur. Diese kostenlose Entnahme von Bodenschätzen und anderen Ressourcen der Natur geht zu unser aller Lasten.

Wie heißt es so schön: Man bezahlt entweder vorher oder nachher, aber zahlen wird man, das ist gewiss.

Wir leben hier in einem Land, das mehr verbraucht, als es hat. Der Earth Overshoot Day oder Erdüberlastungstag ist der Tag, an dem der Mensch aufgebraucht hat, was ihm die Natur zur Verfügung gestellt hat und was sie prinzipiell wieder regenerieren kann.

Dieser Tag war für Deutschland im Jahr 2022 am 4. Mai und weltweit am 28. Juli erreicht. Die Ressourcen für dieses Jahr sind ab diesem Tag aufgebraucht, und wir leben auf Pump. Und jeder weiß, Schulden machen kann man nur für eine bestimmte Zeit. Irgendwann ist Zahltag. Geld können wir nachdrucken, eine zweite oder dritte Erde nicht. Für verbrauchte und vernichtete Rohstoffe gilt dies aber nicht in jedem Fall, denn diese sind final verloren. Bereits im Jahr 2022 verbrauchen wir weltweit die Reserven von 1,75 Erden. Deutschland für sich allein gerechnet verbraucht derzeit drei Erden. Die Tendenz ist steigend, und der Erdüberlastungstag kommt immer früher im Jahr, was zusätzlich beunruhigt.

Krisen als Chance begreifen

Energie und Ressourcen sparen hat also noch eine größere Dimension. Das soll uns motivieren.

Verbrennen ist kein Zukunftsmodell für die Energiegewinnung.

So gesehen hat eine Verknappung, haben Preissteigerungen und Energiekrisen auch ihr Gutes. Die Einsicht ist schmerzhaft, aber deutlich: So geht es nicht weiter. Der Mensch lernt am schnellsten durch Konsequenzen und ist erst dann bereit, sein Verhalten zu ändern.

Nutzen wir, nutzen Sie den Wind der Veränderung.

Energiegewinnung durch Verbrennen ist kein Zukunftsmodell. Wenn der Brennstoff nicht regenerativ ist und zudem das Klima durch weiteren CO_2-Ausstoß belastet, haben wir ein Problem.

Das betrifft die Stromgewinnung aus Kohle, Öl oder Gas und den Verbrennungsmotor genauso wie das Verbrennen von Abfall in Müllverbrennungsanlagen, bei dem recycelbare Stoffe nicht getrennt und aussortiert wurden. Leider ein übliches klimafeindliches Verhalten der Kommunen.

Aus Biomüll kann Gas gewonnen werden, und Verpackungen müssen verpflichtend so gestaltet werden, dass sie auch für eine Kreislaufwirtschaft taugen, wenn es schon der Handel nicht schafft, mehr Lebensmittel unverpackt oder in wiederverwendbaren Gefäßen und Behältnissen anzubieten. Eine Rücknahme von Glas im Handel und eine bundesweite Gelbe Tonne im Haushalt sind machbare und wirksame Maßnahmen, damit möglichst wenig Ressourcen verloren gehen.

Bruttostromerzeugung in Deutschland 2021

Je nach Bedarf schwanken die Anteile deutlich. Gerade erneuerbare Energien sind abhängig von Wetter und Jahreszeiten.

- rund 59 Prozent konventionelle Energien
- rund 41 Prozent erneuerbare Energien

(Quelle: BDEW, Dezember 2021)

Energieträger	Anteil in Prozent
Konventionelle Energien	**59,1**
Braunkohle	18,6
Erdgas	15,3
Kernenergie	11,9
Steinkohle	9,3
Erneuerbare Energien	**40,9**
Onshore-Windkraft	15,8
Fotovoltaik	8,8
Biomasse	7,5
Offshore-Windkraft	4,3
Wasserkraft	3,4

Verfügbar sind heute Wind-, Wasser- und Solarenergie. Bei den im Sommer zunehmend versiegenden Flüssen als Folge des Klimawandels mit häufiger auftretenden heißen, niederschlagsarmen Sommern ist gerade Wasserkraft nur eingeschränkt nutzbar. Solarenergie kann auch für die private Energiegewinnung aktiviert werden. Ja, es gibt auch Atomenergie, aber in diese Diskussion mag man nicht einsteigen. Kernkraftwerke brauchen überdies ebenfalls Wasser aus den Flüssen für die Kühlung. Man kann nur froh sein, wenn alles damit gut geht. Nicht nur in Kriegszeiten sind diese Anlagen eine zusätzliche immense Gefahrenquelle, die ganze Landstriche unbewohnbar machen können. Die Kernfusion als Energiequelle der Zukunft bleibt derzeit eine technisch unbeherrschbare Utopie und Science-Fiction.

Das sind die Rahmenbedingungen. Unser Lebensstil wird auf die Probe gestellt, und es braucht gewaltige Umstellungen für die Zukunft. Klar ist, dass nur ein Wohnen in energieneutralen Häusern eine Zukunft hat und der Strom nachhaltig produziert werden muss, ohne CO_2-Ausstoß und andere klimaschädliche Abgase. Grüner Wasserstoff ist eine Hoffnung für die Mobilität bei Flugzeugen und Lastkraftwagen. Der Nahverkehr braucht mehr Zuwendung und vieles mehr. Wiederverwertbare Rohstoffe dürfen nicht mehr verbrannt und aufgegeben werden.

Ja, alles richtig, aber wir müssen auch die Übergangszeit gestalten und uns nicht in Utopien der Zukunft verlieren. Viele der vorgestellten, politisch so beliebten Zero-Waste-Szenarien haben einen Horizont von 20 und mehr Jahren. Das ist zu lange, wenn das überhaupt umgesetzt werden kann. Es kommt der Verdacht auf, dass die Politik diese schön klingenden Ideen nutzt, um eine weitere Untätigkeit bis zur nächsten Wahl zu verschleiern. Greenwashing von umweltschädlichem Tun oder Nichtstun nennen das die Amerikaner. Ein klein wenig bürgerlicher Ungehorsam ist da schon angebracht. Nicht alles, was grün angemalt ist, ist auch grün. Das darf man ruhig auch einmal anmerken.

Was können wir jetzt tun?

Unser Blick gilt den individuellen Möglichkeiten, um unser Leben auf dieser Erde zum Besseren zu wenden. Das Schöne daran ist, dass, wenn wir unseren ökologischen Fußabdruck verringern, dies nicht nur die Umwelt, sondern auch unseren Geldbeutel schont. Nein, wir wollen auch weiter in den Urlaub fahren, warm duschen und im Winter nicht frieren, aber unnötigen Energie- und Ressourcenverbrauch erkennen und abstellen. Denn die billigste Kilowattstunde ist bekanntlich jene, die gar nicht erst verbraucht wird.

Kostentreiber erkennen

Wird die Heizung nicht über Strom und eine Wärmepumpe erzeugt, dann ist dieser Verbrauchsmix auf
der Grafik für die meisten Haushalte zutreffend. Den
Löwenanteil des Energieverbrauchs benötigen die Heizung und die damit verbundene Erzeugung von warmem
Wasser. Wird das warme Wasser mit einem elektrischen
Gerät wie einem Durchlauferhitzer erzeugt, dann sieht
die Summe für den Stromverbrauch etwas anders aus,
und die Heizkosten ohne die Warmwasseraufbereitung
müssten geringer sein.

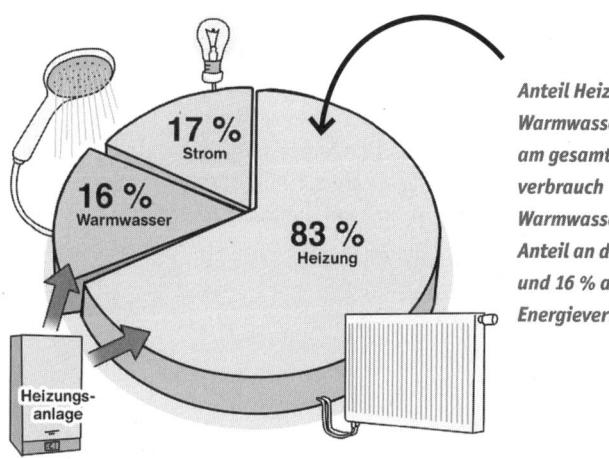

*Anteil Heizung inklusive
Warmwasser rund 83 %
am gesamten Energie-
verbrauch
Warmwasser rund 20 %
Anteil an den Heizkosten
und 16 % am gesamten
Energieverbrauch.*

Für die Heizung und die Warmwassererzeugung sind als
Energielieferanten Gas, Öl oder Holzpellets und verein-
zelt Kohle die Favoriten. Warmwasser-Solarthermie auf
dem Dach, wie wir es von den warmen südlichen Ländern
kennen, ist bei unserem Klima nur im Sommer eine Unterstützung. Wärmepumpen, die mit Strom betrieben
werden, sind bislang nur mit einer großen Solaranlage
auf dem Dach wirklich sinnvoll, da Strom einfach doppelt so teuer als Gas ist. Vielleicht muss man jedoch bei

den steigenden Gaspreisen und der Versorgungsunsicherheit auch sagen »war«. Da Strom auch nachhaltig produziert werden kann, sind Wärmepumpen das Heizungsmodell der Zukunft, trotz der hohen Installationspreise und Verbrauchskosten. In Neubauten werden fast nur noch Wärmepumpen verbaut. Mehr dazu im Kapitel »Spartipps zum Heizen«.

Steigende Energiepreise

Die aktuellen Energiepreise sorgen für rasant steigende Verbraucher-Teuerungsraten in Deutschland und Europa und gefährden die Wirtschaft und unser Auskommen. Politik und Wirtschaft haben mit der Energiewende zu lange gezögert. Sie haben auf diese Weise wertvolle Jahre verschenkt und die Profite nicht in die entsprechenden Projekte gesteckt.

In diesem kleinen Zeitfenster ist erkennbar, wie schnell Energiepreise explodieren und in der Folge eine Inflation befeuern.

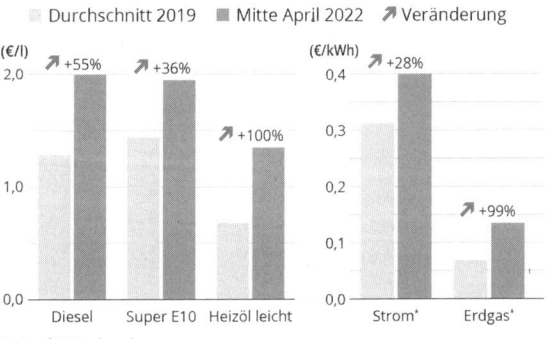

So stark sind die Energiekosten gestiegen

Entwicklung der Energiepreise für private Haushalte in Deutschland

Durchschnitt 2019 ▪ Mitte April 2022 ↗ Veränderung

(€/l)
2,0 ↗ +55% ↗ +36%

↗ +100%

1,0

0,0
Diesel Super E10 Heizöl leicht

(€/kWh)
0,4 ↗ +28%

0,3

0,2

↗ +99%

0,1

0,0
Strom* Erdgas*

* Preise für Neukunden
Quelle: DIW Berlin

statista

Faustformeln für die Umrechnung von Heizmitteln in Kilowattstunden:

1 Liter Heizöl =	ca. 10 kWh
1 m³ Gas =	ca. 10 kWh
1 kg Flüssiggas (Propan) =	ca. 13 kWh
1 kg Pellets/Holzbriketts =	ca. 4,8 kWh
1 Raummeter Scheitholz hart =	ca. 2000 kWh
1 Raummeter Scheitholz weich =	ca. 1600 kWh

Energiepreise sind politische Preise geworden, und Verbraucher werden zu einem Spielball der Interessenlage der Machthaber auf dieser Welt. Nicht alle sind demokratisch gewählt oder sogar vertrauenswürdig, um es vorsichtig zu sagen. Wirkliche Prognosen sind nicht mehr seriös zu stellen.

Es ist nun eine große Anstrengung für die ganze Gesellschaft, hier für die richtigen Auswege zu sorgen. Energiesparen ist die erste Möglichkeit, die uns Verbrauchern bleibt.

Die Kilowattstunde

Die entscheidende Vergleichsgröße beim Energieverbrauch ist die Kilowattstunde, abgekürzt kWh. Am besten lässt sich das beim Stromverbrauch erklären. Eine Kilowattstunde entspricht dem Energieverbrauch eines elektrischen Heizlüfters mit einer Leistung von 2000 Watt während einer halbstündigen Betriebsdauer. Verbraucht der Fernseher unbescheidene 100 Watt, so ist die Kilowattstunde in 10 Stunden verbraucht. Ein Kochherd mit Cerankochfeld wird in einer Stunde etwa 1 Kilowattstunde verbrauchen, ein Induktionskochfeld ebenfalls in einer Stunde etwa 0,8 Kilowattstunden. Kochen Sie jeden Tag, brauchen Ihre Kochfelder rund

Strom ist die teuerste Energiequelle.

Fossile Brennstoffe werden in Zukunft teurer werden. Nur die Sonne kennt keine Preiserhöhungen.

Die entscheidende Vergleichsgröße beim Energieverbrauch ist die Kilowattstunde, abgekürzt kWh.

500 Kilowattstunden im Jahr, alte gusseiserne Platten gerne das Doppelte. Wenn das Kochfeld mit Gas betrieben wird, kann man vom gleichen Kilowattstunden-Verbrauch ausgehen, nur war die Kilowattstunde Gas in den vergangenen Jahren entschieden günstiger.

Der Verbrauch eines Backofens hängt von seiner Größe ab, der Wärmedämmung und natürlich davon, wie energieeffizient er seine Wärme produziert. Während einer Stunde Kuchenbacken dreht sich der Stromzähler mindestens um 0,6 bis 0,7 Kilowattstunden weiter.

Nachzulesen ist der ideale Stromverbrauch eines Gerätes unter den technischen Angaben in der Gebrauchsanweisung.

Der Zähler für den Gasverbrauch wird in Kubikmetern abgerechnet. Gas ist aber nicht gleich Gas. Manche Gassorten sind energiedichter als andere. Deshalb werden mit einer Rechenformel die Kubikmeter in Kilowattstunden umgerechnet, um eine vergleichbare Größe zu bekommen. In der Heizkostenabrechnung Ihres Energieversorgers ist die Umrechnung angegeben. Als schnelle Faustformel kann man sagen: Ein Kubikmeter Gas entspricht mehr oder weniger knapp 10 Kilowattstunden Energie.

Der Gaspreis

Der Gaspreis lag über viele Jahre bei 6 bis 7 Cent pro Kilowattstunde und ist von 2021 bis 2022 rasant auf 14 und dann weiter auf 20 Cent gestiegen und wird weiter steigen. Im Gegensatz zu Strom mit annähernd 40 Cent pro Kilowattstunde war und ist Gas ein günstiger Energieträger. Es ergibt aber wenig Sinn, sich darauf auszuruhen. Es herrscht eine große Dynamik auf dem Energiemarkt, und die Umstände und damit die Preise können sich schnell ändern. Mit Gas wird viel Strom erzeugt. Und so steigt der Strompreis in der Folge durch primär steigende Gaspreise.

Beim Verbrennen von Gas entsteht CO_2, was die Erderwärmung weiter beschleunigt, und es ist als fossiler Brennstoff endlich und nicht nachhaltig. Gas muss nach Deutschland eingeführt werden, was auch eine Versorgungsunsicherheit bedeutet. »Es ist billig«, war das Argument für Gas, so wie dies vorher für Öl galt. Es ist aber gefährlich, sich darauf auszuruhen. Fossile Brennstoffe sind eine Zwischenlösung und letztlich eine Sackgasse für die Menschheit.

Strompreisentwicklung 2012 – 2022
Ø-Strompreis in ct/kWh bei einem Verbrauch von 4.000 kWh/Jahr

Quelle: verivox.de

Der Strompreis

Der Strompreis war immer schon deutlich teurer und deshalb nicht unbedingt erste Wahl als Energiequelle für eine Heizung. Er lag die vergangenen Jahre jeweils unter 30 Cent pro Kilowattstunde und ist 2022 auf 40 Cent und mehr gestiegen.

Man kann erwarten, dass diese Preise schwanken werden, aber nicht, dass diese jemals wieder über einen überschaubaren Zeitraum hinaus deutlich billiger werden. Das ist eine feste Voraussetzung.

Wird viel Strom aus Gas oder Kohlekraftwerken benötigt, so sind die Preise insgesamt sehr hoch. Die jeweils teuerste Erzeugungsart bestimmt den Preis. Staatliche Abgaben machen beim Strompreis den Löwenanteil aus.

Variabel ist für Verbraucher nur der Verbrauch, und damit ist dieser der Hebel, um unsere Kosten in einem akzeptablen Rahmen zu halten.

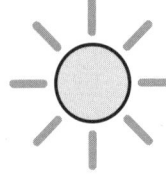

Oder wir produzieren Strom mit der eigenen Fotovoltaikanlage. Dies erfordert aber zunächst hohe Investitionen. Ein Anfang wäre eine Steckersolaranlage, auch gerne als Balkonkraftwerk bezeichnet, die unseren Verbrauch individuell etwas reduziert. Vermieter und Hausgemeinschaft können das Thema »eigener Hausstrom« bei ihrer Hausverwaltung anstoßen. Die Dächer der Häuser bieten viel Platz.

Aktueller Energiepreis

Damit eine Kilowattstunde keine abstrakte Größe bleibt, schreiben Sie sich auf, was die aktuellen Energiepreise sind und welche Preise Ihr Energieversorger verlangt. Die Preise stellen sich aus einer Bereitstellungspauschale oder einer Grundgebühr zusammen plus den Verbrauchspreisen.

Der Preis für eine Kilowattstunde ist je nach Energieträger ganz unterschiedlich. Eine Gasheizung war deshalb so rentabel und hatte deutliche Preisvorteile gegenüber einer Wärmepumpe, weil Gas einfach so viel günstiger zu bekommen war. Eine Kilowattstunde ist die eine Größe, der Preis dafür eine andere.

Verbrauchspreise für Strom, Gas, Öl, Holzpellets und Fernwärme

Energieträger je kWh	Datum:	Datum:	Datum:
	Ihr Preis/ Vergleichswert	Ihr Preis/ Vergleichswert	Ihr Preis/ Vergleichswert
Gaspreis			
Strompreis			
Öl			
Holzpellets			
Fernwärme			

Energieversorger wechseln

Eine Möglichkeit, Geld zu sparen, ist es, den Versorger zu wechseln und ein günstigeres Angebot anzunehmen. Vergleichsportale wie verivox.de, check24.de oder finanztip.de bieten dies an.

Aber man sollte wissen, dass das Angebot für das erste Jahr nach Ablauf der Preisbindung nicht mehr gilt. Auch können einmalige Wechselprämien den Preis verfälschen. Der neue Anbieter sollte seriös sein; größere Vorauszahlungen öffnen Betrügern und windigen Geschäftsmodellen die Tür. Eine Rückkehr zu den zuständigen Stadtwerken in Zeiten mit angespannter Energielage in den meist teuersten Grundtarif kann kostspielig werden.

Auf Vergleichsportalen wie z. B. verivox.de oder check24.de können Sie Preisangebote vergleichen.

In Ihrer Energiekostenabrechnung sind Ihre Preise notiert.

Auch tauschen die Anbieter bisweilen Listen zu Kunden aus, die jährlich wechseln und jedes Mal eine Wechselprämie mitnehmen. So ein Kunde kann dann schon einmal abgelehnt werden. Wenn man also wechselt, sollte man einen Anbieter wählen mit dauerhaft guten Preisen und einer längeren Geschäftspraxis. Die Gefahr eines Konkurses ist dann geringer, und man muss nicht jedes Mal dem besten Preis hinterherrennen.

Aber wer mit Bedacht an die Sache herangeht, kann mit einem Anbieterwechsel Geld sparen.

Nachprüfbare Fakten statt Bauchgefühl

Wie hoch Ihr Energie- und Wasserverbrauch ist, können Sie in Ihrer jährlichen Energiekostenabrechnung genau herausfinden. Sind Sie länger beim gleichen Anbieter, liefert dieser auch die Vergleichswerte vom letzten Jahr mit, und auf der Website ist oft sogar eine Historie über mehrere Jahre nachzulesen.

Vergleichen Sie die Verbrauchswerte in der Jahresabrechnung.

Ist Ihr Verbrauch gleich geblieben, ist er gestiegen? Die Preise sind sicherlich höher als die Jahre zuvor. Aber wenn der Verbrauch in Kilowattstunden angestiegen ist, sollten Sie einmal darüber nachdenken, woran das liegen könnte. Auch wenn Sie Einsparungen sehen können, ist das ein Grund, zu überlegen. Das sind ja Hinweise für weitere Sparmöglichkeiten.

Ihr persönlicher Energieverbrauch im Jahresvergleich:

Jahresabrechnungen	Jahr	Jahr	Jahr
Gas in kWh			
Strom in kWh			
Wasser in m³			
Fernwärme in kWh			
Öl, Pellets Umrechnung in kWh			

Energiekennwert

Ob Sie hohe oder niedrige Heizkosten haben, hängt von den Lebensgewohnheiten und mehr noch vom energetischen Zustand Ihrer Wohnung oder Ihres Hauses ab.

Wollen Sie den Verbrauch der Heizkosten ohne Warmwasser für Ihr Haus und Ihre Wohnung mit anderen vergleichen, ist der Energiekennwert nützlich. Wird das warme Wasser über die Heizung erzeugt, können von den Heizkosten einfach pauschal 20 Prozent abgezogen werden. So können Sie Ihr Einsparpotenzial beim Heizen erkennen.

Heizkosten in Kilowattstunden

Entnehmen Sie der Heizkostenabrechnung die für die Heizung ausgewiesenen Kilowattstunden und teilen Sie diese Zahl durch die bewohnte und beheizte Fläche in Quadratmetern.

Heizen Sie mit Öl oder Holz, rechnen Sie die aufgewendeten Heizmittel in Kilowattstunden um, siehe Tabelle Seite 21.

Für eine Wärmepumpe muss je nach Betriebsweise der Stromverbrauch in die Heizleistung je Kilowattstunde umgerechnet werden und der Aufwand für Warmwasser abgezogen werden. Diese Kennzahl wird Jahresarbeitszahl genannt. Die Werte sind natürlich nur Annäherungen.

Die Abrechnung des Stroms für Wärmepumpen wird meist über einen eigenen Zähler zu günstigeren Tarifen abgerechnet.

Umrechnung	Faktor
Luftwärmepumpe	2,8
Erdwärmepumpe	4,0
Wasserwärmepumpe	4,8

Beispielrechnung für einen Energiekennwert

16 875 kWh/Jahr Verbrauch minus 20 % für Warmwasser
13 500 kWh geteilt durch 150 m² = 90 kWh/m²a
Dies entspricht der Effizienzklasse C.

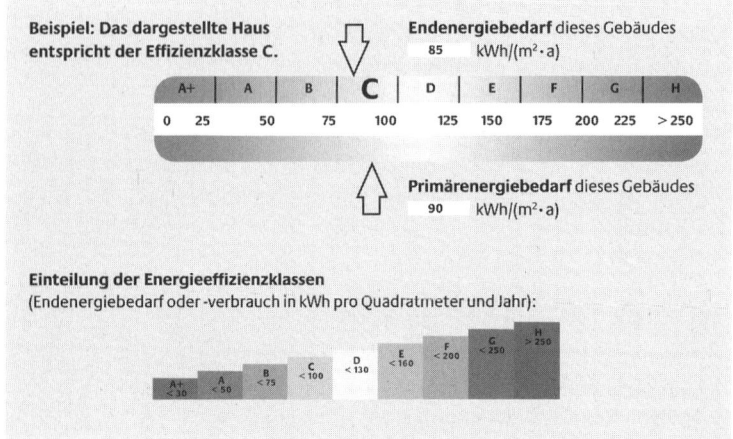

Diese grobe Berechnung des Primärenergiebedarfs ist auch Basis für einen Energieausweis und den Endenergiebedarf, der zusätzliche Klimafaktoren berücksichtigt. Sie gibt einen guten Anhaltspunkt, ob Bedarf besteht, die Isolierung zu sanieren und somit zu verbessern, ob eine Erneuerung der Heizanlage angeraten ist und ob Sparpotenzial im persönlichen Lebensstil gegeben ist.

Das bedeutet der Energiekennwert

Ist Ihr gefundener Wert	entspricht das
geringer als 75 kWh	einem guten Neubaustandard bis Niedrigenergiehaus, **Energieeffizienz A+ bis B, grüner Bereich**
75–100 kWh	einem durchschnittlichen Neubau, **Energieeffizienz C**
100–200 kWh	einem mäßigen bis schlechten Dämmstandard, **Energieeffizienz D bis F**
über 200 kWh	einem Energiefresserstandard. Dies ist ein dringender Sanierungsfall. **Energieeffizienz G und H**

Dieser Primärenergiebedarf, der mit zusätzlichen Faktoren auch im Energieausweis ausgewiesen ist, gibt Ihnen als Eigentümer oder als Mieter Hinweise auf die zu erwartenden Heizkosten und den gesamten Energieverbrauch.

Als Mieter sollten Sie Wohnungen mit einer Energieeffizienz schlechter als C meiden, und wenn ein Gespräch mit dem Vermieter wirkungslos ist, besser kündigen. Sie bezahlen sonst vielleicht eine günstige Miete mit extrem hohen Nebenkosten.

Mehr dazu bei den Energiespartipps im Kapitel »Spartipps zum Heizen«.

Neue Fenster, eine neue Haustür, eine Dämmung des Daches, des Kellers oder der Außenmauern sowie eine bessere Heizungsanlage verbessern den Wert. Zu hohe Raumtemperaturen, gekippte Fenster, langes Lüften oder kaputte Fensterdichtungen, offenstehende Türen und Ähnliches verschlechtern den Wert.

Das Einsparpotenzial beim Heizen ist wegen der großen Menge an verbrauchter Energie groß. Es hängt aber auch von der Qualität der Immobilie ab und ist durch individuelles, kostenbewusstes Verhalten nur innerhalb dieser Grenzen beeinflussbar.

Der persönliche Stromverbrauch im Vergleich

Der Stromverbrauch ist sehr viel individueller beeinflussbar, und Abweichungen vom Durchschnitt geben unmittelbar Auskunft über den persönlichen Lebensstil sowie ein mögliches Sparpotenzial. Vergleichen Sie den Wert aus Ihrer Energiekostenabrechnung mit den Durchschnittswerten aus dem Stromspiegel in Deutschland.

Da es einen großen Unterschied macht, ob das Warmwasser zusammen mit der Heizung erzeugt wird oder über einen elektrisch betriebenen Durchlauferhitzer, sind die Werte separat aufgeführt: einmal mit Warmwasser und einmal ohne.

Wird mit einer elektrisch betriebenen Wärmepumpe geheizt, wird in diesem Fall der Stromverbrauch der Wärmepumpe in der Regel über einen eigenen Zähler erfasst. Diese Strommenge ist hier nicht relevant.

Stromspiegel für Deutschland 2021/22

Gebäudetyp	Warmwasser	Personen im Haushalt	gering		
			A	B	C
Haus	ohne Strom	👤	bis 1.300	bis 1.600	bis 2.000
		👤👤	bis 2.000	bis 2.400	bis 2.800
		👤👤👤	bis 2.500	bis 3.000	bis 3.400
		👤👤👤👤	bis 2.700	bis 3.300	bis 3.700
		👤👤👤👤👤 +	bis 3.200	bis 4.000	bis 4.500
	mit Strom	👤	bis 1.500	bis 1.900	bis 2.300
		👤👤	bis 2.400	bis 3.000	bis 3.400
		👤👤👤	bis 3.000	bis 3.500	bis 4.000
		👤👤👤👤	bis 3.500	bis 4.000	bis 4.800
		👤👤👤👤👤 +	bis 4.000	bis 5.000	bis 6.000
Wohnung	ohne Strom	👤	bis 800	bis 1.000	bis 1.200
		👤👤	bis 1.200	bis 1.500	bis 1.800
		👤👤👤	bis 1.500	bis 1.900	bis 2.200
		👤👤👤👤	bis 1.700	bis 2.000	bis 2.500
		👤👤👤👤👤 +	bis 1.700	bis 2.300	bis 2.800
	mit Strom	👤	bis 1.000	bis 1.400	bis 1.600
		👤👤	bis 1.800	bis 2.300	bis 2.600
		👤👤👤	bis 2.500	bis 3.000	bis 3.500
		👤👤👤👤	bis 2.500	bis 3.200	bis 4.000
		👤👤👤👤👤 +	bis 2.400	bis 3.500	bis 4.300

■ A = gering
Glückwunsch, Sie verbrauchen viel weniger Strom als vergleichbare Haushalte.

■ B = niedrig
Sie benötigen weniger Strom als vergleichbare Haushalte. Doch auch Sie können noch sparen.

■ C und D = mittel
Ihr Verbrauch liegt im Schnitt bzw. leicht darunter. Nutzen Sie alle Möglichkeiten zum Stromsparen aus.

(Quelle: CO2online GmbH)

Verbrauch in Kilowattstunden (kWh) pro Jahr

D	E	F	G (sehr hoch)
bis 2.500	bis 3.200	bis 4.100	über 4.100
bis 3.000	bis 3.500	bis 4.200	über 4.200
bis 3.700	bis 4.200	bis 5.000	über 5.000
bis 4.000	bis 4.700	bis 5.800	über 5.800
bis 5.000	bis 6.000	bis 7.500	über 7.500
bis 2.900	bis 3.500	bis 5.000	über 5.000
bis 3.800	bis 4.500	bis 6.000	über 6.000
bis 4.800	bis 5.600	bis 7.000	über 7.000
bis 5.500	bis 6.400	bis 8.000	über 8.000
bis 6.800	bis 8.000	bis 10.000	über 10.000
bis 1.500	bis 1.600	bis 2.000	über 2.000
bis 2.100	bis 2.500	bis 3.000	über 3.000
bis 2.600	bis 3.000	bis 3.700	über 3.700
bis 2.900	bis 3.500	bis 4.100	über 4.100
bis 3.500	bis 4.200	bis 5.500	über 5.500
bis 2.000	bis 2.200	bis 2.800	über 2.800
bis 3.000	bis 3.500	bis 4.000	über 4.000
bis 4.000	bis 4.500	bis 5.500	über 5.500
bis 4.500	bis 5.000	bis 6.000	über 6.000
bis 5.200	bis 6.200	bis 8.000	über 8.000

■ **E und F = hoch**
Sie verbrauchen mehr Strom als jeder zweite vergleichbare Haushalt. Stromsparen lohnt sich für Sie besonders.

■ **G = sehr hoch**
Sie sollten dringend handeln. Sie verbrauchen mehr Strom als 85 % aller vergleichbaren Haushalte.

Der Wasserverbrauch

Wie viel Wasser Sie verbrauchen, ist fast ausschließlich Ausdruck Ihres Lebensstils. Man kann seinen Wasserverbrauch mit den Durchschnittswerten vergleichen, ob man diesen aber verändern möchte, ist eine persönliche Frage. Jeder weiß, dass eine Minute duschen weniger Wasser und vor allem weniger warmes Wasser verbraucht als ein Vollbad. Manchmal muss es aber ein Vollbad sein, darüber lässt sich nicht unbedingt diskutieren. Man muss es wollen oder nicht.

Wasser könnte knapp werden

Einen Faktor sollte man aber bedenken: Das Klima ändert sich, und Deutschland ist auf dem besten Weg, ein Land mit Trinkwasserknappheit zu werden. In vielen Regionen ist der Grundwasserspiegel bedenklich gesunken. Es ist nicht ausgeschlossen, dass die Kommunen in einigen Regionen Rationierungen und Einschränkungen beschließen werden.

Warmes Wasser kostet nach dem Heizen am meisten Energie, und ein paar Reduzierungen vorzunehmen, ohne die Lebenslust zu verlieren, ist hier sicherlich sinnvoll. Wer Warmwasser spart, spart Wasser und Energie. Der Energieaufwand für warmes Wasser entspricht knapp der Summe des Stromverbrauchs! Ein wichtiger Hinweis für eine persönliche Energiesparstrategie.

Die Erzeugung von warmem Wasser verbraucht sehr viel Energie.

127 Liter am Tag und pro Person

Rund 127 Liter Wasser verbrauchen die Bundesbürger pro Tag im Durchschnitt (Stand 2021). Davon sind 30 bis 45 Liter warmes Wasser. Mit eingerechnet ist auch das Wasser, das wir beim Friseur oder im Café, also persönlich, aber außerhalb des Haushalts verbrauchen, der sogenannte Kleingewerbeanteil.

Für den Jahresverbrauch ergibt das mit gerundeten Angaben eine Bewertung. Nehmen Sie die Jahresabrechnung Ihres Versorgers und vergleichen Sie diese. Sie sehen dann, ob Sie ein Einsparpotenzial haben. Rund ein Drittel der Menge ist Warmwasser.

Mein Verbrauch im Jahr 20___ ist ___-Personen-Haushalt, Verbrauch___m³.

Wasserverbrauch im Singlehaushalt		
Verbrauch am Tag in Liter	**Verbrauch im Jahr in m³**	**Bewertung**
80 l	29 m³	wenig
120 l	44 m³	o. k.
mehr als 120 l	mehr als 44 m³	zu viel
Wasserverbrauch im Zweipersonenhaushalt		
160 l	58 m³	wenig
240 l	87 m³	o. k.
mehr als 240 l	mehr als 87 m³	zu viel
Wasserverbrauch im Dreipersonenhaushalt		
240 l	87 m³	wenig
360 l	131 m³	o. k.
mehr als 360 l	mehr als 131 m³	zu viel
Wasserverbrauch im Vierpersonenhaushalt		
320 l	116 m³	wenig
480 l	175 m³	o. k.
mehr als 480 l	mehr als 175 m³	zu viel
Wasserverbrauch im Fünfpersonenhaushalt		
400 l	146 m³	wenig
600 l	219 m³	o. k.
mehr als 600 l	mehr als 219 m³	zu viel

Die Kosten für die jeweils bezogene Wassermenge und die Abwassergebühr unterscheiden sich je nach Kommune teils deutlich. Das Wasser für eine Person mit durchschnittlichem Wasserbrauch von etwa 127 Liter pro Tag und 46 Kubikmeter pro Jahr kostet im Jahr 2022 in Frankfurt 150 Euro und in Berlin mit 308 Euro mehr als das Doppelte.
Die Abwassergebühr ist hier mit einberechnet, denn Wasser kostet zweifach.

Liegt die Wassermenge trotz zurückhaltenden Verbrauchs weit darüber, so kann schon mal ein Leitungsschaden dafür verantwortlich sein, vor allem wenn der Mehrverbrauch eher plötzlich auftritt und bemerkt wird. Es kann immer sein, dass der Wasserhahn tropft oder der Spülkasten in der Toilette undicht ist und das Wasser langsam, aber stetig läuft. Sie wissen ja, steter Tropfen … Das ist gar nicht so selten. Allein durch einen tropfenden Wasserhahn fließen rund 170 Liter im Monat sinnlos den Abfluss hinunter.

Trinkwasser ist zu schade für das WC

Und wofür wird das Wasser verwendet? Hätten Sie gedacht, dass die Klospülung rund ein Drittel beansprucht?

Ein gut umsetzbares System, das Brauchwasser für die Wasserspülung nutzt, wäre eine wunderbare Erfindung. Das Wasser aus der Dusche oder vom Händewaschen wäre dafür hervorragend geeignet.

Ob es beim Baden und Duschen Einsparungen gibt, muss man selbst beantworten. Es ist jedenfalls ein großer Posten in der Rechnung.

Trinkwasserverwendung im Haushalt 2021

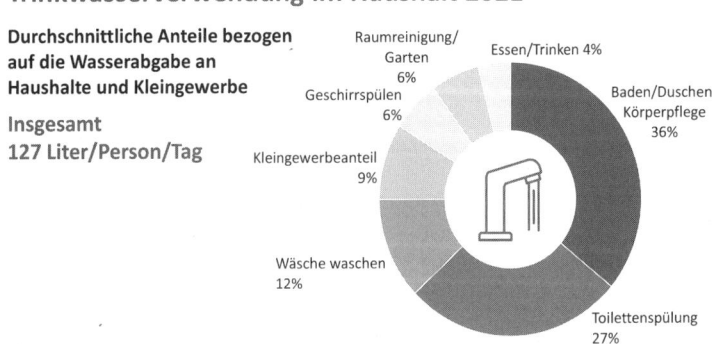

Durchschnittliche Anteile bezogen auf die Wasserabgabe an Haushalte und Kleingewerbe

Insgesamt 127 Liter/Person/Tag

Raumreinigung/Garten 6%

Essen/Trinken 4%

Geschirrspülen 6%

Baden/Duschen/Körperpflege 36%

Kleingewerbeanteil 9%

Wäsche waschen 12%

Toilettenspülung 27%

Quelle: BDEW-Wasserstatistik; geschätzte Menge

Spartipps fürs Heizen

Die Wohnnebenkosten stellen neben der Miete in fast jedem Haushalt mittlerweile den größten regelmäßigen Ausgabenposten dar. Je nach Art der Heizung und der Energie sind auch bei gleichbleibendem Verbrauch die Preise explodiert. Ist die Wärmedämmung schlecht, ist auch der Verbrauch hoch.

Was sind die individuellen Einsparungsmöglichkeiten?

Die Heizkosten machen im durchschnittlichen Haushalt etwa 80 Prozent der Energiekosten aus. Viele Eigentümer und Vermieter heizen in Bestandswohnungen mit Gas. Gas war einmal billig. Aber das ist nicht mehr so. Mit den steigenden Gaspreisen sind auch alle anderen Energieträger im Preis gestiegen, wie etwa Öl oder Holzpellets und auch Strom. Energie ist ein politischer Preis geworden und damit vielfach unkalkulierbar.

Wie gelingt die Energiewende

Als Übergangsenergieträger bis zum Einstieg in die nachhaltige Stromgewinnung wird preisgünstiges Gas möglicherweise nicht ausreichend zur Verfügung stehen. In Neubauten sind strombetriebene Wärmepumpen zusammen mit einer entsprechenden Wärmedämmung die Favoriten. Nachrüsten hat seine Tücken, denn Strom ist überhaupt nicht billig und wird noch sehr oft mit fossilen Brennstoffen erzeugt. Das ist nicht gut fürs Klima und keine Perspektive für die Zukunft. Da sich nun alle auf Strom als universalen Energielieferanten stürzen, die Infrastruktur für nachhaltige und ausreichende Energieerzeugung aber noch gar nicht vorhanden ist, wird es spannend sein, die politische Diskussion zu verfolgen.

Heizen mit Holz macht krank

Wer noch einen Kamin für einen Ofen hat, wird diesen noch lange nicht außer Betrieb setzen. Auch dann nicht, wenn die Luft im Winter grau ist von den Abgasen und vom Feinstaub und der Schnee eine gräuliche Nachkriegsfarbe annimmt. Da ist sich jeder selbst der Nächste, wenn persönliche Asthmafälle nicht die Einsicht befördern. Gesund ist das nicht. Das Geld für Ofen, Holz und Kohle wäre besser in eine Fotovoltaikanlage oder zumindest in Solarthermie investiert.

Immerhin kann der Stromverbrauch durch Fotovoltaikanlagen etwas ausgeglichen und gemindert werden, wenn genügend Dachfläche mit Südausrichtung zur Verfügung steht. Da aber nachts keine Sonne scheint, ist eventuell sogar eine teure Batterielösung in Kombination angebracht, um den möglichen Überschuss zu speichern. Das kann sich nicht jeder leisten, und die Produktion der Batterie geschieht nicht ohne große Umweltbedenken. Das ergibt jedoch alles auch nur wirklich Sinn, wenn das Haus bestmöglich gedämmt ist.

Dämmen ist die wichtigste Voraussetzung.

Ist auf dem Dach Platz für ausreichend Solarzellen?

Mit selbstproduziertem Strom ist eine Wärmepumpenheizung die beste Lösung.

Die besten Tipps, um beim Heizen zu sparen

- 1 Grad weniger Raumtemperatur bringt im Altbau 6 Prozent und im Neubau 10 Prozent Heizkosteneinsparung. Räume nicht überheizen und Thermostat dementsprechend einstellen.
- Im Winterurlaub Temperatur herunterregeln oder Urlaubseinstellung an der Heizung wählen.
- Wohnungen nur stoßlüften, bis trockene, kalte Luft im Raum, aber nicht in den Wänden ist. Türen geschlossen halten. Kippfenster sind energetisch eine Katastrophe.
- Auf Heizlüfter und Heizstrahler verzichten, diese nur im absoluten Notfall benützen.
- Eine gut gedämmte Wohnung, Fenster mit dreifachem Wärmeschutzglas und eine effiziente Heizung sind die beste Voraussetzung.
- Erdwärmepumpen zusammen mit einer Fotovoltaikanlage in einem möglichst gut gedämmten Haus sind die beste Option für die Zukunft. Aber ohne gute Dämmung und ohne Fotovoltaik ist eine strombetriebene Wärmepumpenheizung eine teure Sache.

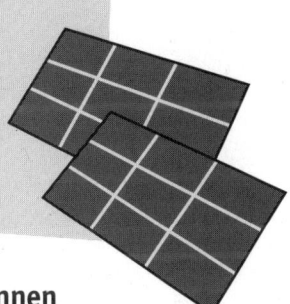

Vergleichen und Sparpotenzial erkennen

1) Haben Sie Nachbarn, die eine ähnlich große Wohnung oder ein vergleichbares Haus haben, können Sie gemeinsam den Verbrauch auf der Heizkostenabrechnung oder die Aufstellung des Versorgungsunternehmens vergleichen. Liegen Sie darüber, haben Sie sicherlich Möglichkeiten, den Verbrauch zu senken. Ist Ihr Verbrauch schon gut, gibt es kreative Möglichkeiten, das Ergebnis noch zu verbessern.

2) Haben Sie beim Kauf oder beim Einzug in die Wohnung oder in das Haus einen Energieausweis bekommen? Dort können Sie nachlesen, welchen Primärenergiebedarf Ihre Wohnimmobilie pro Quadratmeter hat.

Nehmen Sie den aktuellen Jahresverbrauch in Kilowattstunden, ziehen Sie 20 Prozent ab, falls das Warmwasser über die Heizung erzeugt wird und Sie den Anteil der Heizenergie dafür nicht kennen, und teilen Sie die gefundene Zahl durch die Wohnfläche in Quadratmetern.

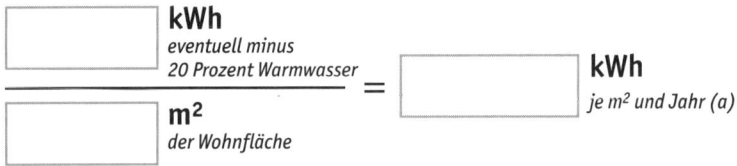

$$\frac{\text{kWh} \quad \textit{eventuell minus 20 Prozent Warmwasser}}{\text{m}^2 \quad \textit{der Wohnfläche}} = \boxed{\quad} \text{kWh} \quad \textit{je m}^2 \textit{ und Jahr (a)}$$

Beispielrechnung

10 000 kWh/a : 100 m² = 100 kWh/m²a

Dieses Ergebnis würde gerade noch der Energieeffizienzklasse C für die Heizung entsprechen und wäre nicht mehr gut, aber immerhin befriedigend.
Wird die Heizung durch eine Solartherme auf dem Dach für die Warmwassererzeugung unterstützt, verbessert dies die Kennzahl deutlich, eventuell sogar trotz mangelnder Dämmung.

Die Energieeffizenz Ihrer Wohnung gibt Auskunft über den voraussichtlichen Energiebedarf. Achten Sie bei der Wohnungswahl auf den Energieausweis. Eine billige Miete für eine schlecht gedämmte Wohnung könnte später teuer kommen.

Ist Ihr persönlicher aktueller Verbrauch höher als die Kennzahl aus dem Energieausweis, besteht bei Ihnen Handlungsbedarf, denn dann ist Ihr Lebensstil verbrauchsintensiver als derjenige des Durchschnitts.
Wenn Sie diese Kennzahl für den Primärenergiebedarf persönlich für einige Jahre errechnet haben, sind die Schwankungen ebenfalls aufschlussreich. Auch das Klima und ein kalter Winter spiegeln sich in den individuell ermittelten Kennzahlen wieder.

3) Eine weitere, sehr gute Möglichkeit, um das Sparpotenzial transparent zu machen, ist das Onlinetool namens HeizCheck. Der Anbieter CO2online arbeitet gemeinnützig. Bisweilen eingeblendete Werbung einfach übergehen. Sie müssen nirgendwo eine E-Mail-Adresse angeben oder sich registrieren – so meine Erfahrung. Die Seite enthält einige weitere gute Tipps zum Energiesparen.

So können Sie Ihren Verbrauchswert für die Heizung einschätzen und feststellen, ob dieser zu hoch ist.

https://www. CO2online.de/service/ energie-sparchecks/ heizcheck/

Die Heizkostenabrechnung ist teurer geworden!
Eine häufig gestellte Frage ist, wie es sein kann, dass die Heizkostenabrechnung für die kleine Wohnung deutlich teurer geworden ist.
Dabei gibt es mehrere Umstände, die man prüfen sollte:

■ **Weicht die Menge der verbrauchten Heizenergie vom Vorjahr ab?**
Wegen eines kalten Winters oder anderer besonderer Umstände wurde vielleicht mehr geheizt.
■ **Wird das Warmwasser extra abgerechnet?**
Dann ist der Wasserverbrauch höher.
■ **Gab es Preiserhöhungen bei den Versorgern?**
Der Gaspreis, die Fernwärme oder der Strompreis bei einer Wärmepumpe sind möglicherweise gestiegen. Oder der Ertrag einer Solartherme oder einer Fotovoltaikanlage war geringer.
■ **Sind die Heizkörper nicht regelmäßig entlüftet worden?**
■ **War der Wasserdruck in der Heizanlage zu gering?**
■ **Gibt es ungewöhnliche Hinweise auf Fehler bei der Heizabrechnung?**

Heizcheck im Internet:https:// www.heizspiegel.de/ heizkosten-verstehen/ brennstoffe-energietraeger-im-vergleich/ratgeber/ heizcheck/

Die Heizkosten

Das energieeffiziente Haus

Den besten und wichtigsten Spartipp fürs Heizen können wir durch unser Verhalten nur wenig beeinflussen.

■ Ein energieeffizientes Haus verbraucht grundsätzlich
weniger Heizenergie als ein Haus mit schlechten Wär-
mewerten. Je nachdem, wie gut Dach, Wände, Fenster
und Türen gedämmt sind, umso besser ist die Energieeffizienz. Gemessen wird dies daran, wie viele Kilowattstunden Heizenergie pro Quadratmeter für Wärme
aufgewendet werden müssten, um eine optimale Raumtemperatur (siehe Kasten) zu erreichen.

Passivhaus
10–15 kWh/m²
keine
Einsparmöglichkeiten

Niedrigenergiehaus
bis 70 kWh/m²
beschränkte
Sparmöglichkeiten

**Bundesweiter
Durchschnitt**
130 kWh/m²
große
Einsparmöglichkeiten

■ Tipp: Hat die Mietwohnung einen Energiekennwert
von 130 kWh/m² oder mehr, sollten Sie mit dem Vermieter über eine energetische Renovierung sprechen
oder erwägen, sich eine neue Wohnung zu suchen. Auch
wenn die Wohnung vielleicht günstig ist, bezahlen Sie
erhebliche Mehrkosten in der Nebenkostenabrechnung.
Vielfach beneidete Bewohner einer herrschaftlichen
Altbauwohnung mit schönen, hohen, wenn auch dicken
Wänden haben energetisch ein Problem. Sie bezahlen
das im Winter mit ebenso hohen Heizkosten.

Spartipp: Regulierung der Raumtemperatur. Das Absenken der Raumtemperatur ist eine entscheidende Stellschraube, um Heizkosten zu sparen. Ein Grad weniger bringt 6 bis 10 Prozent Ersparnis. Unbenutzte Zimmer müssen auch nicht voll beheizt werden.

Optimale Raumtemperatur im Haus

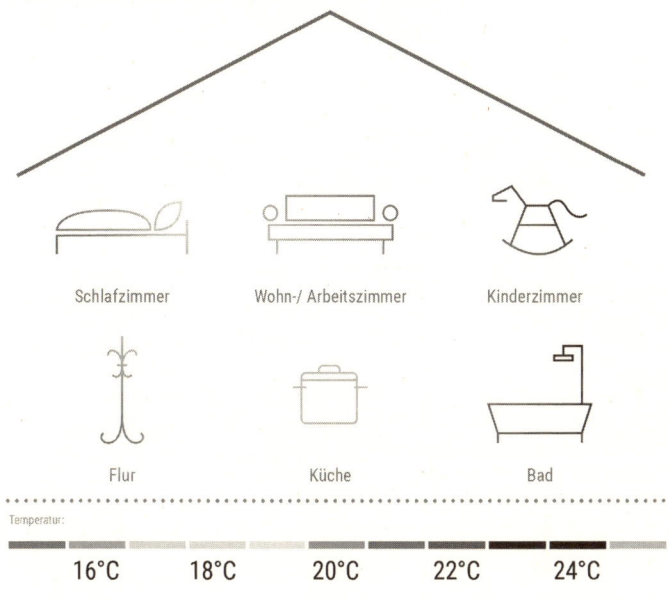

Schlafzimmer   Wohn-/ Arbeitszimmer   Kinderzimmer

Flur   Küche   Bad

Temperatur:

16°C   18°C   20°C   22°C   24°C

'III heizung.de

Empfohlene Raumtemperatur

Raum	Temperatur
Kinderzimmer	20 °C
Wohnzimmer	20 bis 22 °C
Bad	23 °C
Schlafzimmer	15 bis 18 °C
Küche	16 bis 18 °C
Wohnküche	20 °C
Flur, Diele	15 °C

■ Raumtemperatur über Thermostat regeln. Die gewünschte Raumtemperatur wird über den Thermostatkopf geregelt. Fünf Stufen können eingestellt werden. Jede Zahl steht für eine Solltemperatur, die im Raum herrschen soll. Ist diese erreicht, fließt kein neues Heizwasser durch den Heizkörper. Sinkt die Temperatur ab, dann öffnet sich das Ventil wieder. Abhängig ist die Heizungstemperatur auch von der vorgewählten Solltemperatur an der Heizung.

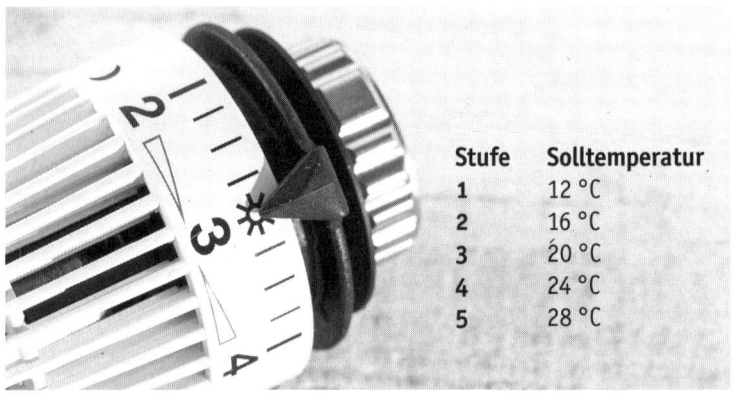

Stufe	Solltemperatur
1	12 °C
2	16 °C
3	20 °C
4	24 °C
5	28 °C

Kühlen ohne Klimaanlage

In den letzten Jahren hat das Wetter mehrere Hitzerekorde gebrochen. Hier einige Tipps, wie die Raumtemperatur auch ohne Klimaanlage kühl bleibt.

■ Nur morgens und abends nach Sonnenuntergang lüften.
■ Ein feuchtes Hemd oder ein T-Shirt kühlen wunderbar.
■ Ein Bettlaken in Wasser tauchen, auswringen und im Zimmer aufhängen. Durch die Verdunstungskälte verbreitet sich so kühle Luft.
■ Die Füße in eine Wanne mit kaltem Wasser zu stecken ist eine herrliche Erfrischung.
■ Eine Sprühflasche mit kaltem Wasser verbreitet einen kühlenden Nebel.

Beim Heizen sparen

Die Heizung

Für die Kosten spielt es eine Rolle, welcher Heizungstyp für Wärme sorgt und auch das warme Wasser erhitzt.
Wer eine Mietwohnung nutzt, muss sich den Gegebenheiten fügen oder sich eine andere Wohnung suchen. Auch der Eigentümer in einer Wohnanlage mit mehreren Parteien ist von einer Entscheidung der Eigentümergemeinschaft abhängig.
Mit einer Gasetagenheizung kann man als Mieter durch sein Verhalten unmittelbar auf die Heizkosten Einfluss nehmen.

In einem Mehrfamilienhaus mit Zentralheizung werden die Heizkosten zum einen entsprechend dem Verbrauch auf alle umgelegt und zum anderen zusätzlich aufgrund der Größe der Wohnung. Dennoch lassen sich in jedem Fall individuell Heizkosten sparen.

Veraltete Umwälzpumpen an der Heizung sind verborgene Stromfresser.

Spartipp: Viel Strom sparen beim Heizen. Jede zentrale Heizung mit einem Heizkessel oder mit einer Etagenheizung verfügt über eine Umwälzpumpe, die das warme Heizwasser in alle Heizkörper pumpt. Ist diese mehrere Jahre alt, verbirgt sich darin eines der größten Stromsparpotenziale im Haushalt.

Neue Hocheffizienzpumpen für die Heizwasserzirkulation brauchen durchschnittlich 80 Prozent weniger Strom als ein altes Modell. Statt 500 Kilowattstunden sind das dann nur noch 100 Kilowattstunden. Dieser Tausch wird als energetische Neuerung sogar gefördert. 400 Kilowattstunden weniger auf der Stromrechnung entsprechen rund 150 Euro Ersparnis. Nach 3 Jahren hat sich so eine neue Pumpe bereits gerechnet.

Spartipp: Ist die Heizungsanlage älter als 15 Jahre, sollten Sie über eine neue nachdenken. Ein moderner Heizkessel verbraucht rund 30 Prozent weniger Brennstoff im Vergleich zu einem alten System. Der Vermieter ist zu einem Austausch der Heizanlage verpflichtet, wenn diese älter als 30 Jahre ist.

Vielleicht ist sogar ein Systemwechsel zu einer Wärmepumpe plus Fotovoltaik möglich. Ob sich das finanziell lohnt, hängt vom Preis für Gas ab. Neue Ölheizungen werden keine Zulassung mehr bekommen.

Alte Heizkörper brauchen hohe Vorlauftemperaturen und geben wenig Strahlungswärme ab. Für eine Wärmepumpenheizung müssen diese in der Regel ausgetauscht werden.

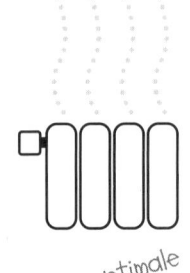

Über die optimale Heizung in Bestandsimmobilien wird diskutiert.

Eine freie Wahl für die Heizung hat nur der Besitzer eines Hauses. Aber auch hier sind die Gegebenheiten und die vorhandene Infrastruktur zu beachten. Nicht alles ist überall möglich. Ein weiteres Argument für die Art des Brennstoffs ist die Versorgungssicherheit.

Heizungen auf Basis fossiler Brennstoffe werden angesichts der Klimaveränderung wenig Zukunft haben. Nachhaltigkeit, Sauberkeit, neutrale Klimabilanz und Versorgungssicherheit sind die aktuellen Prämissen. Der Preis für die Wärmeerzeugung wird sich durch die Vorgaben entschieden verteuern, da gewaltige Investitionen nötig sind.

Förderung

Was ökologisch und nachhaltig ist, wird meist auch gefördert. Daher sollte man nicht vergessen zu prüfen, ob das im Einzelfall zutrifft. Ihr Heizungsbauer oder ein Energieberater wissen Bescheid.

Fragen Sie beim Energieberater vorher nach, was es kostet, worin seine Leistungen bestehen und mit welchem Förderbetrag Sie rechnen können. Energieberater haben keine festen Tarifsätze, und Energieberater kann sich erst einmal jeder nennen. Für eine Förderung energiesparender Maßnahmen muss ein zertifizierter Energieberater, ein sogenannter Energie-Effizienz-Experte, den Antrag beim BAFA, bei der KfW-Bank oder der Deutschen Energie-Agentur (dena) stellen. Er hat eine Prüfung bei der Deutschen Energie-Agentur abgelegt und weist so seine fachlichen Kenntnisse nach.

Die Kosten für eine Energieberatung und die Antragsstellung für eine staatliche Förderung werden bezuschusst. Geben sich Handwerker und Energieberater die Hand und arbeiten zusammen, dann ist das nicht immer gut. Das ist eine Abhängigkeit, bei der Sie als Kunde möglicherweise den Kürzeren ziehen. Der Energieberater kann sich für den Rechnungsbetrag dann schon mal am oberen Ende der Skala orientieren.

Die meistgenutzten Heizungstypen für die Wärme- und Warmwassererzeugung

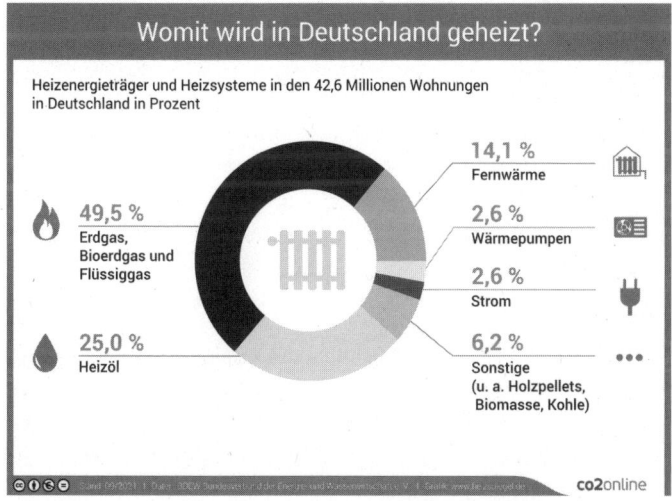

Fernwärme

Ein üblicher Heizungstyp in verdichteten Großstadtbereichen. Was die Art der Energiegewinnung anbetrifft, ob umweltbewusst über Geothermie, Solarthermie, Windenergie oder umweltbedenklich mit Gas, Kohle oder dem Verbrennen von Plastikabfällen im Restmüll, die besser in eine ressourcen- und energieschonende Aufbereitung gehören, ist alles möglich.

Die Kostengestaltung liegt beim Betreiber, meist den örtlichen Stadtwerken. Eine Alternative gibt es nicht wirklich. Eher perspektivisch teuer und durch die langen Zubringerwege auch nicht effizient.

Gasheizung

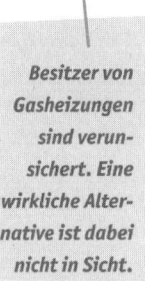

Besitzer von Gasheizungen sind verunsichert. Eine wirkliche Alternative ist dabei nicht in Sicht.

Der Spitzenreiter bei der Wärmeversorgung, entweder als zentrale Gasbrennwertheizung mit Warmwasserspeicher oder als Gasetagenheizung mit Warmwasserdurchlauferhitzung. Gasheizungen waren lange Zeit vergleichsweise sehr günstig. Wie jede Heizung mit fossilen Brennstoffen mit nennenswertem CO_2-Ausstoß. Bei der Gewinnung von Gas wird immer wieder darüber berichtet, dass große Mengen Methan freigesetzt werden. Das ist äußerst klimaschädlich.

Unsicherheit bei der Gasversorgung

Die Gasheizung ist durch politische Verwerfungen unsicher und teuer bis sehr teuer geworden. Neu installierte Heizungen haben einen guten Wirkungsgrad und sollten noch eine überschaubare Zeit lang weiterbetrieben werden.

Gas wird in zunehmendem Maße auch durch Biomasse erzeugt. Das ist ökologisch und versorgungssicher. Die Erfassung von Bioabfallstoffen ist weiterhin sehr unbefriedigend, da der Wert von Bioabfall unterschätzt und als Müll abgetan wird.

Ölheizung

Der größte Vorteil ist die individuelle Versorgungssicherheit und geringe Störungsanfälligkeit bei neuen Heizungen. Ist der Tank voll, kann erst einmal nichts passieren. Neue Ölheizungen werden in neuen Immobilien eher selten verbaut. Mit einer Sammelbestellung oder in Zeiten fallender Ölpreise können die Beschaffungskosten erträglich gestaltet werden.

Sie läuft, ist aber nicht zukunftsorientiert, und ein Austausch älterer Ölheizungen ist in absehbarer Zeit nötig. Wenn andere Energieträger nicht zur Verfügung stehen und eine Wärmepumpe nicht rentabel zu betreiben ist, kann eine Unterstützung durch Solarthermie für die Warmwassererzeugung die Ölheizung rentabler machen.

Was neue Heizungen kosten

Vergleich der Anschaffungkosten verschiedener Heizsysteme in Deutschland im Jahr 2021 (in Euro).

● Minimum   ● Maximum

Brennstoffzelle
Wärmepumpe
Pelletheizung
Gasheizung
Solarthermieanlage
Ölheizung
Elektroheizung
Fernwärme*

0   10.000   20.000   30.000   40.000   50.000   60.000

* durchschnittliche Anschlusskosten
Quelle: energieheld.de

statista

Holzpellets

Da Bäume beim Wachsen CO_2 binden, das diese dann beim Verbrennen wieder abgeben, aber beim erneuten Wachstum wieder binden, gelten Pellets, meist aus minderwertigem Abfallholz hergestellt, als ökologischer Kreislauf und nachhaltig. Aber ihre Verwendung bedeutet einen Eingriff in unsere ökologische Lunge, den Wald, und der ist mehr als gefährdet. Holz, das verbrannt wird, braucht viele Jahre, um wieder nachzuwachsen. Also wird erst einmal weiteres CO_2 ausgestoßen, das nicht im gleichen Maße wieder gebunden wird und vielleicht nie in dem Maße nachwächst. Bei genauerem Betrachten ist das gar nicht so ökologisch. Wegen erhöhter Nachfrage sind Holzpellets teuer geworden. Sie sind eine begrenzte Nischenlösung, denn wenn das alle machen würden, gäbe es nicht genügend verfügbares Restholz. Es käme zu Hamsterkäufen und in der Folge zu großen Preissprüngen. Bedenkenswert ist, dass die Luft in der Nähe der Verbrennungsorte nicht eben die sauberste ist. Pellets stoßen mehr Feinstaub und CO_2 aus als Öl oder Gas. In Vergleichstabellen werden Pellets dennoch als nachhaltig ausgewiesen. Die Lieferfristen für Pellets sind bisweilen erheblich. Es muss ausreichend Lagerkapazität vorhanden sein. Sie sind zwar erst einmal versorgungssicher, aber wie lange noch?

Holz- oder Kohleofen

Eher eine unterstützende Heizmethode oder nützlich, wenn die Hauptheizung Probleme macht. Wegen der oft belastenden Abgase und der Freisetzung von Feinstaub braucht man geduldige Nachbarn und eine gute Gesundheit, die die reizenden Abgase wegsteckt. Romantik hin oder her, sind sie nicht wirklich eine Lösung. Beruhigt vielleicht die Nerven, wenn das Gas knapp wird. In Zukunft wird es, ja muss es strengere Emissionsauflagen mit dementsprechend wirksamen Filtern geben. Ein zweiter geeigneter Kamin ist Voraussetzung. Günstig sind Holz- und Kohleöfen nur, wenn man gute regionale Lieferbeziehungen hat, was aber auf Kosten von Natur und Umweltschutz geht. Wenn man es genauer betrachtet – siehe Pellets –, ist das überhaupt nicht ökologisch. Eine Rückkehr zu Holz- und Kohleöfen ist wirklich nicht wünschenswert.

Nachtspeicherheizung

Wer noch eine betreibt, sollte schnell den Austausch planen.

Wärmepumpe

Neubauten werden meist mit diesem Heizungstyp, der mit Strom betrieben wird, ausgestattet. Den besten Wirkungsgrad haben Wärmepumpen, wenn Sie mit einer Erdbohrung und mit Erd- oder Grundwasserwärme arbeiten. Das Prinzip der Luft-Wärmepumpe wird auch bei Klimaanlagen zum Kühlen und Wärmen verwendet. Der Wirkungsgrad ist eingeschränkt und hängt auch von der Lufttemperatur ab.

Wenn sich die Pläne der Politik realisieren, bekommen wir in Deutschland ein nachhaltiges, unabhängiges Netz zur Stromerzeugung. Das ist erst einmal gut. Dennoch ist Strom teuer, und der Ausbau dieser Pläne wird Strom noch teurer machen.

Derzeit wird die Elektrizität zur Hälfte aus der Verbrennung fossiler Heizstoffe und dem Import von Atomstrom gewonnen. Wärmepumpen sind heute also ein Glaube an die Zukunft, und der Einbau ist teuer. Realität ist auch, dass Sie Handwerker finden müssen, die in planbarer Zeit den Einbau erledigen, und ob das entsprechende Gerät lieferbar ist.

Kombiniert mit einer großen Fotovoltaikanlage auf der Südseite eines Daches, schaut die Rechnung natürlich ganz anders aus.

Wenn die Sonne scheint, kann der eigene Strom verheizt werden, und mit einer Speicherbatterie klappt das auch in der kalten Nacht. Zusammen mit einem Passiv- oder Niedrigenergiehaus ist das eine wunderbare Liaison.

Die Sonne kennt keine Preiserhöhung. Setzt jedoch eine große Investition voraus.

Solarthermie

Sonnenkollektoren, die keinen Strom, aber warmes Wasser erzeugen. Das kann die konventionelle Heizung unterstützen und in den warmen Monaten vollständig die Warmwasserversorgung übernehmen. Eine ideale Ergänzung für alle Heizungstypen – sauber, ökologisch und nachhaltig. Irgendwann hat sich die Investition amortisiert. Man kann sich das im Einzelfall vom Heizungsbauer vorrechnen lassen.

Solarthermie ist immer eine gute Ergänzung. Der Wirkungsgrad ist aber begrenzt.

Zukunftsmusik grüner Wasserstoff

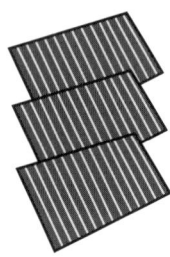

Wasserstoff wird als der Energieträger für kommende Entwicklungen gehandelt, vor allem dann, wenn er nachhaltig erzeugt wird. Momentan wird meist grauer Wasserstoff gehandelt. Für dessen Erzeugung wurde Strom verwendet, der mit fossilen Brennstoffen hergestellt wurde.

Wasserstoff kann in Brennstoffzellen für die Produktion von Strom genutzt werden und hat einen hohen Energiegehalt bei wenig Raumforderung. So könnte grüner Wasserstoff auch als Treibstoff für den Lastenverkehr oder sogar Flugzeuge Verwendung finden.

Wasserstoff ist hochexplosiv und dementsprechend mit Vorsicht zu behandeln.

Was besonders spannend ist: Bei dieser nachhaltigen Stromerzeugung ist es ein Problem, Energie zu speichern. Batterien sind aufwendig und können letztlich nur eine geringe Menge Strom konservieren. Mit überschüssigem Strom aus Solarzellen beispielsweise könnte man aber Wasserstoff durch Hydrolyse gewinnen und ihn in Druckbehälter pressen und speichern. Scheint die Sonne wenig, kann dieser Wasserstoff in der dunklen Jahreszeit wieder für die Stromerzeugung als Energieträger genutzt werden.

Für ein Passivhaus könnte Wasserstoff der Energieträger und das beste Stromspeichermedium sein. Man muss sehen, ob sich dies durchsetzt und ob sich einfache Lösungen für den Alltag finden lassen.
Behalten Sie Wasserstoff im Auge. Hier ist vieles in Bewegung.

Spartipp: Klimaanlagen heizen auch. Gerade in der Übergangszeit wäre ein bisschen Wärme gut. Mit einer Klimaanlage lässt sich der Start der Heizperiode hinauszögern. Lassen Sie sich ein Splitgerät einbauen, dieses heizt auch mit einem vertretbaren Wirkungsgrad. Das ist für Eigentümer wie auch für Mieter mit Genehmigung des Vermieters möglich. Diese Geräte funktionieren wie eine Luft-Wärmepumpe mit einem Außengerät und dem Klimagerät im Haus. Gerade im Herbst und im Frühjahr können diese Geräte auch eine Wohnung heizen, und dies mit einem dreifach besseren Wirkungsgrad, als es ein Heizlüfter kann. Eine Klimaanlage kostet mehr, bringt aber auch mehr. Bei Minusgraden ist diese nicht mehr zu verwenden. Als vollständiger Heizungsersatz ist das System zudem zu teuer im Verbrauch.

So funktioniert
die Wärmepumpe

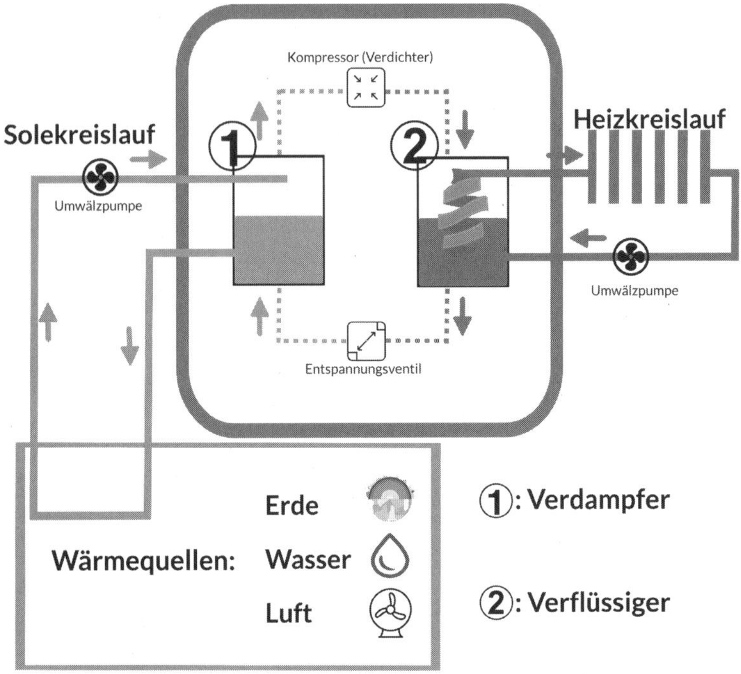

Kompressor (Verdichter)

Solekreislauf

Heizkreislauf

(1)   (2)

Umwälzpumpe

Umwälzpumpe

Entspannungsventil

Wärmequellen:	Erde		(1): Verdampfer
	Wasser		
	Luft		(2): Verflüssiger

Funktion einer Wärmepumpe

Egal, ob ein Kühlschrank, eine Klimaanlage oder eine Wärmepumpe, sie funktionieren alle nach dem gleichen Prinzip.

Aus der Umgebung wird Wärme entzogen, getrocknet und mit einem strombetriebenen Motor komprimiert. Dabei entsteht Wärme.

Diese Wärme wird zum Heizen verwendet. Und umgekehrt wird beim Kühlschrank die Wärme abgegeben und die Kälte für das Kühlen verwendet.

Ist die Umgebungsluft die Wärmequelle, ist der Wirkungsgrad fast dreimal höher, als wenn Strom direkt zum Heizen verwendet wird. Mit Erdwärme oder Grundwasser als Wärmequelle ist der Faktor sogar noch sehr viel besser.

Kompressionswärmepumpen benötigen einen Verdampfer, einen Verdichter, einen Verflüssiger sowie ein Expansionsventil. So funktioniert der Kreislauf.

Der Verdampfer (1): Die Umweltwärme aus der Luft, der Erde (der Sole) oder dem Grundwasser geht auf das flüssige Kältemittel über. Die Umweltwärmequelle gibt Energie ab, wodurch ihre Temperatur sinkt. Das Kältemittel nimmt Energie auf. Es erwärmt sich und geht in einen gasförmigen Zustand über.

Der Verdichter oder Kompressor: Dieser presst den Kältemitteldampf zusammen. Da sich das Volumen des Dampfes verringert, steigt sein Druck an, und die Temperatur des Kältemittels steigt.

Der Verflüssiger (2): Er führt den heißen Kältemitteldampf am Heizungswasser vorbei und überträgt die Wärme. Das Kältemittel gibt dabei Energie ab, und seine Temperatur sinkt. Das Heizungswasser nimmt die Energie auf und erhitzt sich.

Das Expansionsventil: Das Entspannungsventil lässt den Druck des Kältemittels entweichen. Hat das Kältemittel seinen flüssigen Ausgangszustand wieder erreicht, beginnt der Kreislauf von Neuem.

Trotz der großen Euphorie für eine **Heizung auf Basis einer Wärmepumpe** muss man bedenken, dass diese mit Strom betrieben wird und Strom teuer ist.

Heizen wird teuer

Die Preise für Brennstoffe sind sehr in Bewegung, und es ist zu erwarten, dass diese weiter steigen. Hier gibt es kein Entkommen. Strom hat zumindest die Option, dass dieser zu Teilen selbst produziert werden kann.

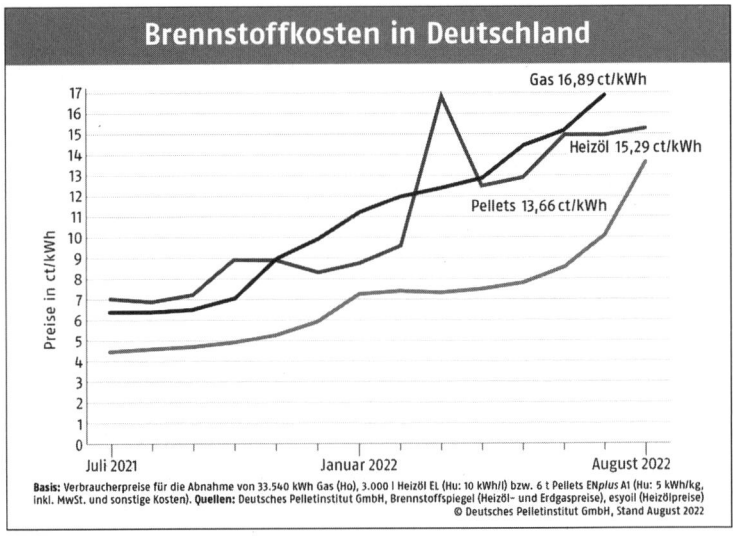

Brennstoffkosten in Deutschland

Gas 16,89 ct/kWh
Heizöl 15,29 ct/kWh
Pellets 13,66 ct/kWh

Preise in ct/kWh

Juli 2021 — Januar 2022 — August 2022

Basis: Verbraucherpreise für die Abnahme von 33.540 kWh Gas (Ho), 3.000 l Heizöl EL (Hu: 10 kWh/l) bzw. 6 t Pellets EN*plus* A1 (Hu: 5 kWh/kg, inkl. MwSt. und sonstige Kosten). **Quellen:** Deutsches Pelletinstitut GmbH, Brennstoffspiegel (Heizöl- und Erdgaspreise), esyoil (Heizölpreise)
© Deutsches Pelletinstitut GmbH, Stand August 2022

Letztlich bleibt nur diese eine Empfehlung für Hauseigentümer, und die ist teuer, aber nachhaltig und zukunftssicher: Heizen mit einer Wärmepumpe zusammen mit einer Fotovoltaikanlage plus Solarthermie. Bei dieser Lösung muss das Haus auf Basis eines Passivhauses zusätzlich sehr gut gedämmt werden, da die Stromkosten bei einem Zukauf sonst sehr hoch sind.

Erdöl und Gas werden unverhältnismäßig teuer, und Pelletheizungen behalten ihren Nischenplatz mit auch hier weiter steigenden Preisen und möglichen Lieferengpässen. Eine Solarthermie ist immer eine gute Ergänzung.

Vor- und Nachteile der Energieträger im Vergleich

Energieträger	Vorteile	Nachteile
Erdgas	hoher Heizwert niedrigster CO_2-Ausstoß der fossilen Energieträger Versorger frei wechselbar kein Lagerplatz nötig	Gasanschluss nicht überall verfügbar Umweltskandale bei der Gasgewinnung hoher Methanausstoß mögliche politische Verknappung
Steinkohle, Braunkohle	muss nicht aufwendig aufbereitet werden	extrem hoher CO_2-Ausstoß vergleichsweise niedriger Heizwert Förderung umweltschädlich und teuer
Heizöl	extrem hoher Heizwert	hoher CO_2-Ausstoß muss erst in Raffinerien hergestellt und jeweils in großen Abnahmemengen geordert werden Lagerplatz nötig
Holz/Pellets	nachwachsender Rohstoff	vergleichsweise niedriger Heizwert und sehr hoher CO_2-Ausstoß; Holz wächst nicht im gleichen Maße nach, wie Pellets verbrannt werden; Gefahr der Überlastung und Ausbeutung des Waldes, der durch den Klimawandel bedroht ist. Lagerplatz nötig; begrenzte Kapazität; wenn es wenige machen, okay, machen es alle, nicht genügend Brennstoff; Hamsterkäufe produzieren Preissprünge; Nischenlösung
Solarwärme	Sonnenenergie unbegrenzt verfügbar kein CO_2-Ausstoß	witterungsabhängig benötigt zweite Heizungsart als Reserve, daher abhängig von weiterem Energieträger; amortisiert sich erst nach vielen Jahren; nur bei Zentralheizungen und zentraler Warmwasserbereitung sinnvoll; grundsätzlich kennt die Sonne keine Preiserhöhungen

Spartipp: Wartung der Heizungsanlage
Die jährliche Wartung der Heizung ist kein überflüssiges Vergnügen, sondern es kann bares Geld sparen, wenn die Heizung gereinigt wird, richtig eingestellt ist und Verschleißteile ausgetauscht werden. Auch die Überraschung eines unerwarteten Heizungsausfalls ist dann geringer.

Besprechen Sie die optimale Einstellung der Heizung. Wann soll geheizt werden? Welche Raumtemperatur soll erreicht werden? Um wie viel Uhr soll die Nachteinstellung und ein Absenken der Temperatur einsetzen? Das spart alles Geld und Energie.

Spartipp: Hydraulischer Abgleich.
Ein sogenannter hydraulischer Abgleich sorgt dafür, dass die richtige Wassermenge zum richtigen Zeitpunkt im jeweiligen Heizkörper zur Verfügung steht. Ventile, Pumpen und Leitungen werden dafür durch einen Fachmann aufeinander abgestimmt. Das kann Heizkosten sparen, und jeder Raum bekommt die richtige Heizmenge, die er braucht, aber auch nicht unnötig mehr. Kostet Geld, spart aber auch Geld. Prüfen Sie, ob das Programm dieser Heizungsoptimierung gefördert wird.

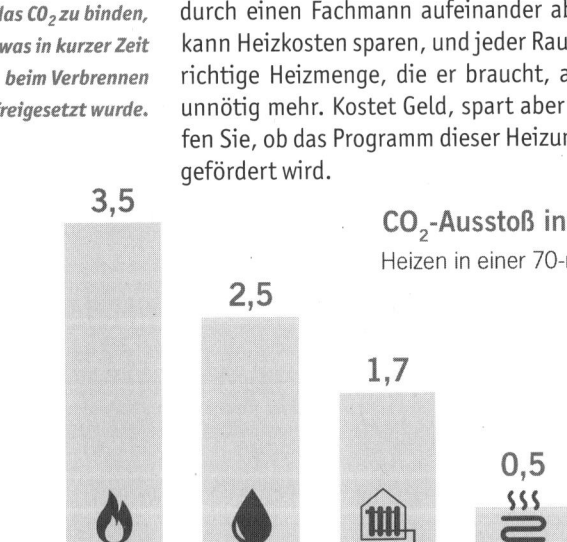

CO_2-Ausstoß in t pro Jahr
Heizen in einer 70-m²-Wohnung

3,5	2,5	1,7	0,5	0,2
Heizöl	Erdgas	Fernwärme	Wärmepumpe	Holzpellets

Grafik:CO2online.de

So bleibt es warm zu Hause

Dämmung der Wohnimmobilie

Nachhaltig und günstig heizen ist das eine Thema, dass die Wärme auch im Haus bleibt das andere. Bei der guten Dämmung sind Eigentümer und Vermieter angesprochen. Als Mieter können entsprechende Maßnahmen verhandelt werden.

Die häufigsten Kältebrücken im Haus

Renovierungen, um ein Haus besser gegen Wärmeverluste zu schützen, sind für den Moment teuer, lohnen sich aber langfristig für einen sehr viel geringeren Energieverbrauch. Es ist die beste Methode, um Heizkosten zu sparen. Für die meisten Maßnahmen gibt es Förderprogramme, die diese Ausgabenlast mindern.

Hier entweicht die meiste Wärme.

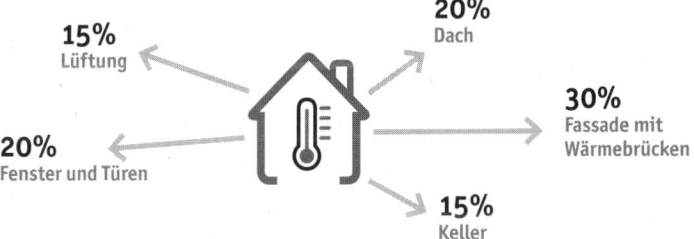

15%
Lüftung

20%
Dach

20%
Fenster und Türen

30%
Fassade mit
Wärmebrücken

15%
Keller

Für die Dämmung von Dach, Wänden und Keller brauchen Laien eine fachliche Beratung. Bei einer Dämmung sind Fragen zum Brandschutz zu beachten. So dämmt Styropor gut, brennt aber auch gut. Also nur bedingt empfehlenswert, auch wenn statistisch wenig Brände gemeldet werden. Andere Fassadendämmstoffe wie Mineral- und Steinwolle sowie Mineralschaumstoffe sind nicht brennbar.

Die Vorteile des Dämmens

■ Wer dämmt, spart Energie, und die Energiebilanz verbessert sich. Wohnungseigentümer haben ein Interesse daran, weil der Wert der Immobilie steigt. Eine dreifache Win-win-win-Situation und eine sinnvolle Geldanlage.

■ In einer gut gedämmten Wohnung ist das Schimmelrisiko geringer, ausreichendes Lüften vorausgesetzt.

■ Gedämmte Wohnungen sind auch besser schallisoliert, und der Wohnkomfort steigt.

■ Weniger heizen bedeutet auch weniger CO_2-Austoß und damit eine bessere Klimabilanz.

■ Eine gut gedämmte Wohnung ist auch im Sommer besser vor Hitze geschützt und macht die Anschaffung einer Klimaanlage überflüssig.

Der U-Wert

Je kleiner der U-Wert, umso geringer ist der Wärmeabfluss durch das Bauteil.

Die Dämmqualität der verwendeten Baustoffe wird mit dem U-Wert bestimmt. Die Einheit W/m^2K (Watt pro Quadratmeter und Kelvin) gibt an, wie viel Wärme nach außen dringen kann. Nutzer müssen wissen: je niedriger der U-Wert, desto besser. Dicke und Art der Dämmung sowie die Dämmmethode verbessern die Wärmedämmung.

Spartipp: Dämmen von Wänden, Dach und Keller Mit Dämmen lassen sich große Einsparungen verwirklichen.

■ Das Dach ist ein Muss. Ohne Dämmung entweicht dort die meiste Wärme.

■ Oft gibt es eine einfache Ausstiegsluke für den Kaminkehrer. Im Winter ist diese einfach verglaste Luke ein großes Eingangstor für die Kälte von draußen.

- Allein das Dämmen des Kellers kann die Heizkosten um 10 Prozent senken.
- Wände müssen individuell geprüft werden. Meist betrifft das ja ältere Immobilien.
- Lüften ist bei nicht gedämmten Wänden wie auch bei gedämmten nötig, denn Wände atmen nicht. Dann lüften, wenn es draußen kühler wird und die Luft weniger feucht als drinnen ist.
- Eine Dämmung muss vom Profi gemacht oder zumindest von ihm angeleitet werden. Die Mühe und der Aufwand sind umsonst, wenn kleine Lücken und Kältebrücken bestehen bleiben.
- Um der Gefahr von Schimmelbildung vorzubeugen, ist die Anschaffung eines Feuchtigkeitsmessers eine sinnvolle Investition.

Achten Sie auf die Dämmung der Heizungsrohre im Heizraum.

Spartipp: Denken Sie spätestens beim Fenstertausch daran, den Rollladenkasten zu dämmen. Sonst entweicht dort die Wärme.

Spartipp: Wollen Sie den Heizungskeller heizen oder die Wohnung? Was für eine Frage. Tatsächlich geht viel Heizwärme verloren, wenn die Warmwasserrohre der Heizung nicht isoliert und gedämmt sind. Da bleibt viel Energie im Keller, die nicht mehr im Bad oder im Wohnzimmer ankommt. Die Dämmung der Rohre ist einfach und kann mit flexiblen Rohren aus isolierendem Schaumstoff aus dem Baumarkt ganz einfach selbst erledigt werden.

Spartipp: Neue Fenster und neue Haustür. Fenster und Rahmen sind nicht selten 40 Jahre alt, bevor sie ausgetauscht werden. Holzfenster schließen nach einer so langen Zeit nicht mehr dicht. Bei der Haustür ist dies ähnlich. Der Unterschied beim Wärmewert ist zwischen zwei- oder dreifach verglasten Wärmeschutzfenstern nicht sehr groß. Je nach Immobilienzustand kann auch zweifach verglasten, aber dicht schließenden Fenstern der Vorzug gegeben werden. Dies ist überlegenswert, wenn auch die Wände keinen besseren Dämmwert haben. Eine Förderung gibt es nur für dreifach verglaste Fenster. Diese sind aber auch deutlich teurer.

Moderne Fenster schließen dicht. Auf regelmäßiges Stoßlüften achten. Zu bedenken ist auch, dass bei den dreifach verglasten Fenstern zwingend eine Lüftung eingebaut werden muss. Viel Aufwand für einen geringfügig besseren Wärmewert.

Zusätzlicher Vorteil neuer Fenster ist ein besserer Lärm- und Einbruchschutz.

Minderung des Wärmeverlustes übers Fenster

Werte für Isolierglas

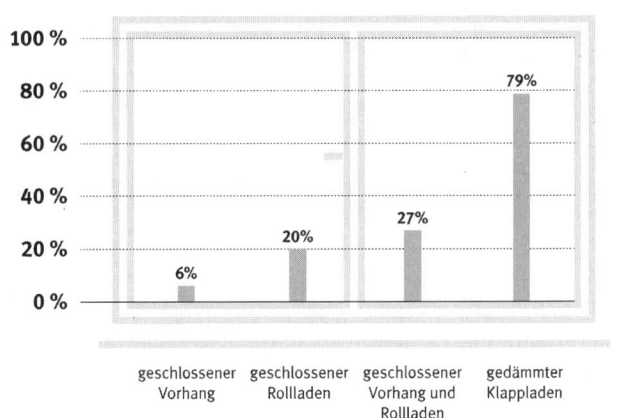

Verringerung des Wärmeverlustes   Werte: Hessisches Ministerium für Umwelt, Landwirtschaft und Forsten © vzbv

Der Wärmeverlust kann durch neue Fenster mit Wärme-schutzverglasung um 50 bis 60 Prozent reduziert wer-den, und Heizkosten bis zu 20 Prozent können einge-spart werden. Rollläden und Vorhänge, die die Heizung nicht verdecken, helfen zusätzlich beim Sparen.

Ohne fremde Hilfe Heizkosten sparen

🌡️ Wenn es an den Fenstern zieht, diese aber noch nicht getauscht werden, helfen fürs Erste Moosgummi-Dichtungsbänder. Professionelle, genau für den Fenstertyp passende Gummidichtungen sind teurer, aber empfehlenswert und die bessere Wahl.

🌡️ Viel Energie geht über schlecht gedämmte Außenwände verloren. Es besteht hier als Abhilfe in Eigenregie auch die Möglichkeit einer Innendämmung. Hierzu empfiehlt es sich allerdings, wegen der Gefahr der Schimmelbildung einen Fachmann zurate zu ziehen.

🌡️ Gerade hinter den Heizkörpern zur Außenmauer hin lohnt es sich zu prüfen, ob hier eine zusätzliche Dämmung möglich ist. Je dünner die Außenwand hinter dem Heizkörper ist, desto mehr Energie geht dort verloren. Dämmmatten aus dem Baumarkt mit einer Aluminiumbeschichtung als Dampfsperre und einer Reflexionsschicht, um die Strahlungswärme im Raum zu erhöhen, helfen hier weiter.

Einfache Spartipps, die ohne großen Aufwand möglich sind.

🌡️ Denken Sie daran, auch die Rollladenkästen zu dämmen. Diese werden dazu geöffnet und die Dämmmatten innen angebracht. Bei einem Fensteraustausch werden die Monteure dies berücksichtigen.

🌡️ Heruntergelassene Rollläden dämmen die Fenster in der Nacht zusätzlich und sparen so Heizenergie.

🌡️ Passen Sie die Raumtemperatur an die Nutzung an. In wenig oder selten genutzten Räumen die Temperatur erst dann erhöhen, wenn man sich hier länger aufhält. Heizkörper sind heute standardmäßig mit Thermostatventilen ausgerüstet. Diese erleichtern die

Regulierung. Räume nicht überheizen! Mit jedem Grad Celsius mehr steigen die Heizkosten um rund 6 Prozent. Jedes Grad weniger hilft Kosten sparen.

Während des Urlaubs die Urlaubseinstellung an der Heizung aktivieren.

Mit Beginn der warmen Zeit (Mai bis September) die Heizung abstellen und nur die Warmwasseraufbereitung weiterlaufen lassen.

Programmierbare Heizventile haben sich bewährt und tragen durch die individuelle Steuerung zu weiteren Einsparungen bei. Für Technikfreaks: Es gibt diese mittlerweile auch mit WLAN-Steuerung. Dann haben Sie alles schnell und einfach unter Kontrolle.
Die Thermostate berücksichtigen andere Wärmequellen, die das Zimmer erwärmen – etwa die Sonneneinstrahlung oder den Ofen in der Küche. So heizt man das Zimmer nur genau so viel, wie benötigt wird.

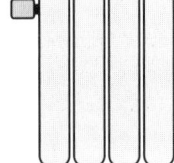

Sind Heizkörper beispielsweise durch Möbel oder Vorhänge verdeckt, steigt der Energieverbrauch um bis zu 20 Prozent.

Entlüften Sie die Heizkörper regelmäßig. Ist Luft in den Leitungen, verschlechtert sich der Wirkungsgrad ganz enorm, und die Heizkosten können um 10 bis 20 Prozent steigen. Sobald es gluckert oder die Heizkörper im oberen Bereich kalt bleiben, ist es höchste Zeit, die Heizkörper zu entlüften.

Lüften mit gekipptem Fenster kostet in der kalten Jahreszeit sinnlos Energie, denn so wird über Stunden warme Luft nach außen geleitet. Machen Sie zum Lüften das Fenster einmal weit auf, und schließen Sie es bei kaltem Wetter nach 3 bis 5 Minuten wieder, wenn die Luft ausgetauscht wurde. In der Übergangszeit, wenn sich Raumtemperatur und Außentemperatur nicht groß unterscheiden, kann auch länger gelüftet werden, ohne dass das Zimmer auskühlt. Mit einer solchen Komplettlüftung sparen Sie bis zu 50 Prozent Energie im Vergleich zu einem ständig gekippten Fenster.

Sinn des Lüftens ist es, dass die Feuchtigkeit nach draußen entweicht und trockene, frische Luft ins Zimmer gelangt. Der Wärmeverlust sollte dabei möglichst gering sein. Im Sommer ist die kühle Luft am frühen Morgen am besten geeignet.

Kalte Luft ist trocken und warme eher feucht. Deshalb ist es nicht gut, den Keller mit warmer Außenluft zu lüften. Wird die Luft wieder kühler, kondensiert die Feuchtigkeit an den Wänden. Ist die Luft dagegen kalt, erwärmt sie sich im Raum und nimmt Feuchtigkeit auf.

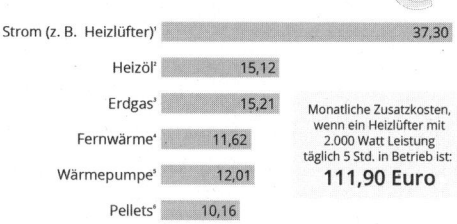

Heizlüfter gehen ins Geld

Durchschnittliche Verbraucherpreise für Strom und Brennstoffe in Deutschland (in Cent/kWh)*

Strom (z. B. Heizlüfter)[1]	37,30
Heizöl[2]	15,12
Erdgas[3]	15,21
Fernwärme[4]	11,62
Wärmepumpe[5]	12,01
Pellets[6]	10,16

Monatliche Zusatzkosten, wenn ein Heizlüfter mit 2.000 Watt Leistung täglich 5 Std. in Betrieb ist:
111,90 Euro

Heizlüfter sind die schlechteste Möglichkeit, um zu heizen.

* Preisstände: Strom, Heizöl Pellets: Juli 2022; Erdgas, Fernwärme, Wärmepumpe: Juni 2022
[1]Grundpreis anteilig für einen Jahresverbrauch von 3.500 kWh enthalten; ansonsten gelten folgende Abnahmemengen: [2]3.000 Liter, [3]33.540 kWh, [4]27.820 kWh, [5]28.426 kWh, [6]6 t
Quelle: Deutsches Pelletinstitut, Vergleich.de

statista

Nein, nein, nein! Heizen mit Wärmestrahlern oder Heizlüftern, egal, ob Konvektor, Keramik oder normale Heizlüfter, ist unvernünftig und extrem teuer. Auch wenn auf den Geräten »Eco, stromsparend, reduzierter

Stromverbrauch« oder ähnlicher Unsinn draufsteht. Das ist eine Behelfslösung für wenige Minuten, aber keine Möglichkeit, um beim Heizen zu sparen. Ganz im Gegenteil. Diese Geräte gehören zu den größten Stromfressern mit der geringsten Effizienz.

Klimaanlagen kühlen, ja, sie können aber auch heizen. Letztlich arbeitet eine Klimaanlage nach dem Prinzip einer Luft-Wärmepumpe, die in der Übergangszeit für einige Stunden am Abend eine Wohnung auch erwärmt. Dann muss nicht gleich die ganze Heizanlage gestartet werden. Aus 1 Kilowattstunde Strom werden auf diese Weise knapp 3 Kilowattstunden Wärme.
Durch eine Fotovoltaikanlage oder eine Balkon-Solaranlage können die Verbrauchskosten gemindert werden.

Eine flauschige Daunenbettdecke, ein dicker Pullover und viel Bewegung, die zudem gesund ist, halten ebenfalls warm. Irgendwie selbstverständlich, aber ich wollte es nur mal erwähnt haben. Und wenn es möglich ist: Auch Kuscheln hält warm und ist obendrein sehr schön.

Zumindest romantisch, auch wenn die Wärmeeffizenz eher wirkungslos ist. Lüften nicht vergessen, denn Kerzen verbrennen Sauerstoff.

Teelichtheizungen. Im Internet werden die Teelichtheizungen zum Selberbauen angepriesen. Teelichter werden dabei unter Tontöpfen platziert und erhitzen den Ton. Eine witzige Idee, die gut ausschaut, aber leider nur eine optische Wirkung hat. Vielleicht kann man sich die Hände daran wärmen, das Zimmer bleibt aber kalt. Man müsste schon ein Dutzend solcher Teelichtheizungen in Betrieb nehmen, und wenn der Raum wirklich gut gedämmt ist, könnte man dann vielleicht ein wenig Wärme spüren. Da Kerzen aber Sauerstoff verbrauchen und CO_2 abgeben, muss nach einer gewissen Zeit gelüftet werden, und das bisschen Wärme wäre wieder verflogen. Ebenso schön wie wirkungslos.

Warmes Wasser, kaltes Wasser

Der Energieaufwand für die Warmwasseraufbereitung, gemessen in Kilowattstunden, entspricht etwa dem Stromverbrauch in einem durchschnittlichen Haushalt. Das ist nicht wenig.

Da warmes Wasser wie selbstverständlich aus dem Hahn fließt, haben wir das Gefühl dafür verloren, wie viel Energie dafür aufgewendet werden muss.

Der durchschnittliche tägliche Warmwasserverbrauch pro Person liegt zwischen 30 und 45 Litern, der Anteil des Warmwassers am gesamten Wasserverbrauch von 127 Litern pro Person bei etwa 35 Prozent. Die individuellen Abweichungen können aber enorm sein und damit auch das Einsparpotenzial.

Wer Wasser spart, verbraucht automatisch auch weniger warmes Wasser und reduziert so die Energiekosten.

Die wichtigsten Fakten:

- Toilettenspülung und Körperpflege sind der größte Posten für den Wasserverbrauch.
- Je nach Erzeugung ist Warmwasser im Schnitt bis zu 4,5-mal teurer als Kaltwasser.
- Ein hoher Wasserverbrauch kann auf Leitungsschäden hindeuten.
- Es empfiehlt sich, den Warmwasserverbrauch durch sparsame Gewohnheiten und effiziente Geräte zu reduzieren.

In einem Wohnhaus mit mehreren abgeschlossenen Wohnungen sollte man den Wasserverbrauch immer durch eigene Wasserzähler je Wohnung erfassen. Alle anderen Abrechnungsmethoden sind unzureichend und fehlerhaft.

Zentrale Warmwasserversorgung

Meistens wird das warme Wasser in der Heizungsanlage erzeugt, die auch für die Wärme zuständig ist. Eine zentrale Warmwasserbereitung ist die beste und günstigste Option. Preisunterschiede ergeben sich durch die Energieträger: Gas, Erdöl, Pellets oder Strom.

Solarthermie kann im Sommer ausreichend warmes Wasser erzeugen.

Eine separate Warmwassererzeugung beispielsweise mit einem elektrischen Durchlauferhitzer oder einem Boiler ist in der Regel deutlich teurer. Vorteilhaft ist es hingegen, wenn man in Solarthermie investiert hat, die zumindest im Sommer das Wasser mit Sonnenkraft erhitzt.

Gas oder Strom

■ Wird das Wasser mit Gas erhitzt, kostet 1 Liter Warmwasser durchschnittlich 2,5-mal so viel wie 1 Liter kaltes Wasser.

■ Wird Strom als Energieträger verwendet, kostet 1 Liter Warmwasser etwa 4,5-mal so viel wie kaltes Wasser.

Trotz einer zentralen Wasseraufbereitung in Kombination mit der Heizanlage wird in jedem Haushalt immer auch ein Teil des Warmwassers mit Strom aufgeheizt. Beispiele sind die Spül- und Waschmaschine oder die Kaffeemaschine. Ein erheblicher Teil der Strom-Energiebilanz betrifft die Warmwasseraufbereitung. Dazu mehr im Kapitel »Strom sparen«.

Spartipp: Solarthermie

Prüfen Sie, ob sich der Einbau einer Warmwasseraufbereitung mit Solarkollektoren auf Ihrem Dach lohnt und, wenn Sie nicht selbst der Eigentümer sind, ob der Vermieter mitmacht. Im Sommer bleibt dann die Heizung auf Stand-by. Geduscht wird mit Sonnenenergie! Das kann die Kosten für die Warmwassererzeugung um fast die Hälfte reduzieren.

Und das funktioniert so: Die Kollektoren einer Solarthermieanlage auf dem Dach erhitzen eine Solarflüssigkeit auf bis zu 90 °C. Das Gemisch aus Wasser und Frostschutz wird in einen Pufferspeicher geleitet.

Ein Wärmetauscher überführt die Wärme in das häusliche Wassersystem. Im Pufferspeicher bleibt kalte Solarflüssigkeit zurück und wird wieder in Richtung Kollektoren gepumpt. Der Kreislauf beginnt von Neuem.

Wasser kostet immer zweimal

Beim Wasserverbrauch bezahlen wir immer doppelt: einmal für das Wasser und dann für die Abwassergebühr. Hier einige Tipps, wo wir im Alltag oft gedankenlos selbst die größten Wasserlecks produzieren.

Wenn es weiter trockene Sommer gibt und die Gletscher abschmelzen, werden wir uns auch beim Wasserverbrauch einschränken müssen.

Wie hoch der eigene Wasserverbrauch ist, hängt vor allem von unseren Gewohnheiten beim Umgang mit Wasser ab, ein Faktor, den wir nur ändern können, wenn wir diese erkennen und uns bewusst machen.

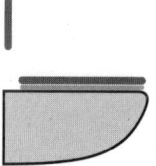

Die Haushaltsausstattung an Armaturen und wassernutzenden Geräten: Sind alle Wasserhähne mit wassersparenden Einhebelmischern ausgerüstet?

Den Schwimmer in der Toilettenspülung auf die nötige Wassermenge einstellen und nicht mehr.

 Für Toilettenwasserkästen gibt es ein Zwei-Tasten-Spülsystem, einmal mit mehr und einmal mit weniger Wasser. Die Toilettenspülung ist ein sehr großer Posten beim Wasserverbrauch. Vielleicht lässt sich Ihr System umrüsten.

Den Wasserhahn oder die Dusche kurz abstellen beim Einseifen.

Für das Gießen im Garten das Wasser aus einer Regentonne verwenden, die das Regenwasser vom Hausdach auffängt.

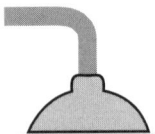

Ein Rasensprenger verbraucht 800 Liter Wasser in der Stunde. Der Rasen überlebt längere Trockenzeiten auch ohne Wasser, wenn er nicht zu kurz geschnitten wurde.

Schwimm- und Planschbecken sind kein Wassersparmodell. Ein Becken mit 4 mal 8 Metern und 1,50 Meter Tiefe fasst knapp 50 Kubikmeter Wasser.

Ist der Wasserverbrauch etwa im Vergleich zum Vorjahr deutlich gestiegen, können unerkannte Schäden die Ursache sein:

- Schadhafte Leitungen. Gibt es auffällige feuchte Stellen?
- Offen stehende Zapfstellen, die unerkannte Mitbenutzer anlocken.
- Ein Rohrbruch ist nicht immer gleich sichtbar. Oft sind erst im Keller feuchte Stellen bemerkbar. Die flexiblen Zuleitungen zu den Wasserhähnen oder ganz tückisch zum Wasserkasten in der Toilette können brechen und undicht werden, wodurch das Wasser in das Mauerwerk und in den Keller fließt. Kleine Ursache, großer Schaden.

- Ein undichter Spülkasten, und das Wasser läuft als Rinnsal in die Schüssel. Wenn der Wasserkasten außerhalb der Nutzung regelmäßig rauscht und Wasser nachläuft, sollte man neugierig werden.
- Tropfende Wasserhähne. Da kommt mehr als 1 Kubikmeter Wasser im Jahr zusammen. Und dabei ist es nur eine Dichtung oder eine Armatur, die ausgetauscht werden muss.

Warmwasserverbrauch im Haushalt

Der überwiegende Anteil warmen Wassers am gesamten Wasserverbrauch wird für Hygiene und Sauberkeit verwendet: 36 Prozent für Baden, Duschen und Körperpflege, 12 Prozent für Wäschewaschen und 6 Prozent fürs Geschirrspülen.

Warmes Wasser wird auch in einer zentralen Warmwasseraufbereitung gespeichert und vorgehalten. So kann über eine effiziente Zeiteinstellung Energie eingespart werden, da ja nicht zu jeder Uhrzeit warmes Wasser verfügbar sein muss.

Bei der Aufbereitung von Warmwasser Energie sparen

Kalt duschen muss nicht unbedingt sein und schon gar nicht im Winter, aber mit ein paar guten Tipps lässt sich auch ohne wirklichen Komfortverlust Energie einsparen.

Prüfen Sie die Einstellung für die Wassertemperatur an Ihrer zentralen Heizungsanlage. 55 °C sollten es an der Zapfstelle sein, und zwar wegen der Gefahr einer gesundheitsgefährdenden Vermehrung von Legionellen. Wird die Wassertemperatur hingegen zu hoch eingestellt, verkalkt das System vorzeitig. Ist der Warmwasserspeicher der Heizanlage zu groß dimensioniert, produziert dies unnötig viel warmes Wasser auf Vorrat. Ein Thema für Ihren Heizungsbauer. Bei der Einstellung der Zeitpläne für die Warmwasseraufbereitung an der Heizung können dann zum Ausgleich kürzere Intervalle eingestellt werden.

Bei einer dezentralen Warmwasseranlage mit einem Boiler muss die Wassertemperatur noch deutlich höher sein, da kälteres Wasser im Boiler absinken kann.

Bei einem Durchlauferhitzer oder einer Gastherme zur Warmwassererzeugung kann die Temperatur dagegen niedriger eingestellt werden, da hier kein warmes Wasser vorgehalten wird und so auch keine Gefahren drohen.

⚠ Duschen statt baden. Der Klassiker. Entscheiden Sie selbst, wann Ihre Nerven ein Vollbad benötigen. Ein bisschen Ausnahme und Luxus machen den Sparplan nicht gleich zunichte.

Allerdings kommt der Verbrauch bei 10 Minuten Duschen ohne Sparkopf (150 Liter) fast einem Vollbad (160 Liter) gleich.

- Täglich 10 Minuten zu duschen verbraucht 55 Kubikmeter Wasser im Jahr.
- Dreimal wöchentlich 5 Minuten zu duschen verbraucht 12 Kubikmeter Wasser im Jahr.
- Ein wöchentliches Vollbad verbraucht 8 Kubikmeter Wasser im Jahr.

Beim Duschen einen Sparduschkopf verwenden. Am Anfang fehlt etwas der Druck, aber man gewöhnt sich schnell daran. Durch einen herkömmlichen Duschkopf fließen 15 Liter Wasser pro Minute, bei einem Sparduschkopf sind es nur 8 Liter, also die Hälfte. Bei einer durchschnittlichen Duschzeit von 5 Minuten täglich summiert sich das Einsparpotenzial im Jahr auf über 14 Kubikmeter Wasser, wovon ein großer Anteil warmes Wasser ist.

Oft sind es Veränderungen bei **kleinen unbedachten Gewohnheiten,** *die nicht unerheblich dazu beitragen warmes und kaltes Wasser einzusparen.*

Beim Händewaschen und Einseifen zwischendurch den Wasserhahn schließen und kaltes Wasser nutzen.

Beim Zähneputzen nicht das warme Wasser laufen lassen und einen Zahnputzbecher verwenden.

Die Waschmaschine im Ökoprogramm mit niedriger Temperatur und kurzer Laufzeit einstellen. Auf Vorwäsche verzichten. Ist die Wäsche stark verschmutzt, lieber länger waschen als die Temperatur höherzustellen. Flecken mit Gallseife vorbehandeln. Die Trommel immer voll beladen. Zwischendurch allerdings auch einmal eine 60-°C-Wäsche wegen möglicher Bakterien. All diese Maßnahmen führen zu weniger Stromverbrauch.

Während des Urlaubs in der Heizanlage das Urlaubsprogramm aktivieren. Dann wird kein warmes Wasser mehr aufgeheizt und bereitgestellt. Das spart richtig viel Energie.

Sind Geräte, die Wasser erhitzen, zu alt, kann ein Austausch mehr Energie sparen als eine Neuanschaffung kostet.

Warmwassergeräte wie die Kaffeemaschine oder den Wasserkocher regelmäßig entkalken.

Perlstrahler reduzieren den Wasserstrahl am Hahn und mischen dem Wasser Luft bei. So sinkt der Verbrauch bei gleichbleibendem Reinigungskomfort.

Wassermengenregler oder Durchflussbegrenzer mindern den Wasserdruck, bevor der Wasserstrahl austritt. Das reduziert die verbrauchte Wassermenge. Drucklose Boiler haben damit bisweilen Probleme. Wenn das nicht geht, dann eben den Hahn selbst etwas weniger aufdrehen.

Warmwasserspeichergeräte

Den Boiler nur dann betriebsbereit halten, wenn tatsächlich warmes Wasser gebraucht wird.

Viele in die Jahre gekommene Boiler sind innen mit einer dicken Kalkschicht überzogen und schlecht gedämmt. Das kostet alles sinnlos Strom. Ein Neugerät würde die Energiebilanz etwas verbessern. Den Boiler nur dann betriebsbereit zu halten, wenn warmes Wasser gebraucht wird, spart sehr viel Energie. Über einen sogenannten Thermostopp kann das Speichergerät aktiviert werden, wenn wirklich warmes Wasser benötigt wird.

Durchlauferhitzer

Ein elektrischer Durchlauferhitzer ist jetzt nicht das Wunschgerät eines Sparwilligen, aber besser als ein Elektrospeichergerät. Eine Gastherme zur Erhitzung von Wasser ist nur bei vorhandener Gasversorgung möglich, stellt aber eine akzeptable Lösung dar. Gas wird nur verbrannt, wenn warmes Wasser gebraucht wird.

Hydraulisch oder elektronisch geregelt

Bei elektrischen Durchlauferhitzern sind elektronisch geregelte Modelle gegenüber solchen mit hydraulischer Regelung vorzuziehen. Sie haben deutlich geringere Temperaturschwankungen und sind natürlich komfortabler.

Eine kleine Rechnung zum Nachdenken

Ein elektrischer Durchlauferhitzer braucht pro Minute 0,3 Kilowattstunden Strom. Läuft der Durchlauferhitzer nur 5 Minuten am Tag, summiert sich das auf 600 Kilowattstunden und etwa 200 Euro Kosten im Jahr. Ohne Zweifel ist Strom der teuerste Brennstoff.

Wenn es keine andere Lösung gibt, um die Warmwasseraufbereitung zu regeln, dann ist ein sparsamer Umgang umso wichtiger:

- Stellen Sie die Temperatur am Durchlauferhitzer nur so heiß ein, wie sie wirklich gebraucht wird.
- Schalten Sie ein Gerät mit Speicher immer aus, wenn Sie einige Stunden kein warmes Wasser benötigen. Ist ein genaues Zeitmuster für die Nutzung vorhanden, kann man dies über eine Zeitschaltuhr regeln.

Es gibt auch Luftwärmepumpen für die Warmwasserversorgung als Standgeräte. Das Prinzip der Wärmepumpe wird dann nur für eine strombetriebene zentrale Warmwasserversorgung genutzt, und die bislang genutzte Heizung kann weiterlaufen. Energietechnisch besser als jedes Speichergerät und jeder elektrisch betriebene Durchlauferhitzer. Bei Viessmann heißt diese Baureihe Vitocal. Andere Anbieter haben ähnlich Geräte. Ein Thema, das mit dem Vermieter oder als Eigentümer mit dem Heizungsbauer zu besprechen ist.

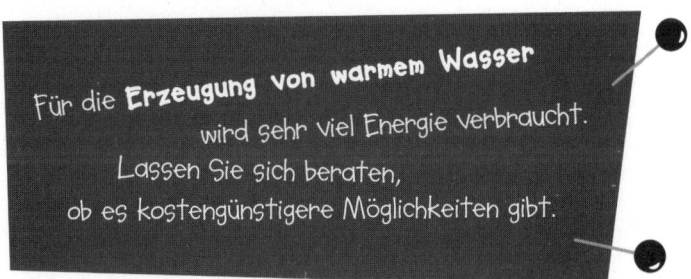

Für die **Erzeugung von warmem Wasser** wird sehr viel Energie verbraucht. Lassen Sie sich beraten, ob es kostengünstigere Möglichkeiten gibt.

Strom sparen

Strom ist teuer. Deshalb kommt jede Aktion zum Stromsparen sehr schnell beim Geldbeutel an. Sie sind bei den Einsparungen in der Regel nicht einmal auf das Mitwirken des Vermieters angewiesen, sondern können selbstständig entscheiden. Der Stromverbrauch hängt vor allem mit strombetriebenen Geräten zusammen. Also müssen wir diese und unseren Umgang damit in den Blick nehmen.

Selbst ausreichend Strom produzieren und so die Stromrechnung deutlich reduzieren können wir nur als Eigentümer oder mit dem Vermieter gemeinsam.

Die Energiewende wird Strom teuer machen, da diese nur mit großen, kostenintensiven Investitionen möglich ist.

Deutschland befindet sich im Wandel. Noch werden für Strom sehr viele fossile Brennstoffe verwendet. Wird Strom importiert, kommt dieser möglicherweise aus Atomkraftwerken unserer Nachbarländer. Aber Deutschland hat sich zum Ziel gesetzt, in der Zukunft Strom nachhaltig und emissionsfrei mit Wind, Wasser, Biogas und Sonnenenergie zu erzeugen. Das ist gut, wird aber teuer und ist nicht ohne Probleme. Stellen wir uns auf ansteigende Energiepreise und einen holprigen Übergang ein.

Die besten Stromspartipps

- Die Zirkulationspumpe gegen eine Hocheffizienzpumpe in der Heizung austauschen.
- Warmwasserspeichergeräte nur bei Nutzung anschalten.
- Veraltete Haushalts- und Unterhaltungsgeräte erneuern.
- Eine Mini-Solaranlage auf dem Südbalkon installieren.
- Nur noch LED-Lampen benutzen.

- Schaltbare Steckdosen und Steckdosenleisten benutzen. Schluss mit Stand-by.
- Waschmaschine nur voll beladen und im Eco-Modus benutzen.
- Kühl- und Gefrierschrank regelmäßig abtauen.

Blick auf die Stromrechnung

Die Jahresabrechnung des Stromlieferanten liefert unbestechliche Daten und ermöglicht einen guten Vergleich mit dem Durchschnitt.

Diese Werte in der Vergleichstabelle betreffen den Strombedarf eines Haushalts in einer Wohnung ohne die Aufbereitung der Warmwasserversorgung mit Strom oder eine Heizung, die mit Elektrizität betrieben wird. Es wird auch kein Strom über eine Fotovoltaikanlage zum Eigenverbrauch eingespeist oder ein Elektrofahrzeug geladen.

Bei gut gedämmten Wohnungen sind niedrige Werte erreichbar. Die Vorgaben sind ambitioniert, lassen Sie sich nicht demoralisieren, sondern motivieren.

Stromverbrauch in Kilowattstunden pro Jahr im Mehrfamilienhaus					
Haushaltsgröße	niedrig	mittel	hoch	sehr hoch	Ø im Jahr 2022
1 Person	bis 900	bis 1500	bis 1700	ab 1700	1500
2 Personen	bis 1500	bis 2100	bis 2900	ab 2900	2100
3 Personen	bis 1900	bis 2600	bis 3500	ab 3500	2600
4 Personen	bis 2200	bis 2900	bis 4000	ab 4000	2900
5 Personen	bis 2600	bis 3500	bis 4500	ab 4500	3500
Mein Verbrauch .... Personen					

Wo liegen Sie mit Ihrem persönlichen Verbrauch? Gibt es Handlungsbedarf? Auch wenn Sie ein Sparprofi sind, gibt es immer kleinere und größere Möglichkeiten, den persönlichen Verbrauch zu senken. Ganz neu sind die erwähnten Balkonkraftwerke, die Sie auch als Mieter in einer Wohnanlage installieren dürfen und die Ihren Verbrauch senken können. Feine Sache. Davon später mehr in diesem Kapitel.

Der etwas andere Spartipp

⚡ Wenn Sie allein leben, suchen Sie sich Mitbewohner. Wer allein lebt, verbraucht systembedingt mehr Energie. Das Leben mit anderen teilen heißt gleichzeitig auch Energie sparen. Zwar wird einem etwas Anpassung abverlangt, aber aus eigener Erfahrung würde ich sagen, dass dies unterm Strich in den meisten Fällen mehr Spaß macht.

Zwei Anregungen zum indirekten Stromsparen

⚡ Ist Platz auf Ihrem Dach für eine Fotovoltaikanlage? Eine effiziente Windanlage, die auch in der Nacht Energie liefert, können nur Energieversorger aufstellen. Auch ein Wasserkraftwerk ist für private Zwecke schwierig. Aber wenn ein Bach durch Ihr Grundstück fließt, warum nicht seine Wasserkraft nutzen? Prüfen Sie es.

Fotovoltaik liefert zwar nur bei Sonne, aber zusammen mit einer Speicherbatterie können Sie dadurch sogar autark werden und die Heizung elektrisch mit einer Wärmepumpe realisieren.

Sie investieren in die Zukunft. Die Zeichen des Klimawandels sind bereits mehr als deutlich am Horizont aufgezogen. Wer verbrennt, heizt das Klima an. Das ist eine Tatsache. Lassen Sie sich ein Angebot machen, und rechnen Sie sich das durch. Vergessen Sie nicht, die aktuelle Förderung mit einzubeziehen.

Stromspartipps, die immer gelten

⚡ Stand-by. Wer hat das erfunden? Die Idee war, dass der Fernseher, der Computer oder der Drucker sofort funktionsfähig sind, ohne eventuelle Einstellungen zu verlieren. Ein hoher Strompreis für diese Bequemlichkeit. Schalten Sie Geräte aus, die Sie nicht mehr benützen. Wenn ein Ausschalter für eine Netztrennung fehlt, dann benutzen Sie schaltbare Steckdosenleisten.

⚡ Verwenden Sie schaltbare Steckdosen und Mehrfachstecker. Netzteile und Ladegeräte verbrauchen auch dann Strom, wenn kein Gerät angeschlossen ist. Sie sind gut getarnte Stromsauger. Deshalb immer Stecker ziehen oder eine ausschaltbare Steckdosenleiste verwenden und gleich mehrere Geräte mit einem Klick vom Netz nehmen.

Mini-Solaranlage oder Balkonkraftwerk

Wenn all dies nicht geht, weil Sie Mieter sind oder das Dach zu klein ist für eine Fotovoltaikanlage: Eine Steckersolaranlage geht eigentlich immer. Eine pfiffige Idee, um seine Stromrechnung gegen eine überschaubare Investition zu reduzieren und dabei sogar das Klima zu schützen.

> **Spartipp:** Eine Mini-Solaranlage in Eigenregie aufbauen und anschließen.

Mit einem Balkonkraftwerk kann jeder, der über einen Balkon oder eine Terrasse verfügt, selbst zum Stromproduzenten werden und die Energiewende unterstützen, nicht zuletzt zum eigenen Vorteil. Den Vermieter und die Hausverwaltung über den Einbau zu informieren könnte spätere Beschwerden abwenden.

Ein Balkonkraftwerk ist eine Mini-Solaranlage, die einfach an das Stromnetz von Haus oder Wohnung angeschlossen wird.

Der produzierte Strom kann unmittelbar für den eigenen Bedarf genutzt werden.

Die notwendige Meldung beim Marktstammdatenregister kann online in wenigen Minuten erledigt werden (*www.marktstammdatenregister.de/MaStR*). Dazu kommt noch eine vereinfachte Anmeldung beim Netzbetreiber. Dieser wird einen alten Ferrari-Zähler gegen einen modernen digitalen Stromzähler (siehe unten) austauschen, um ein Rückwärtslaufen des Stromzählers zu unterbinden, falls nicht der ganz Stromertrag sofort selbst verwertet wird. Die Solarpanels, die es in verschiedenen Ausführungen und Leistungsstufen gibt, werden über einen Mikrowechselrichter mit einer Maximalleistung und Begrenzung von 600 Watt mit dem Netzstrom synchronisiert, und der erzeugte Strom ist zum Verbrauch bereit. Ohne Anschluss an das Stromnetz funktioniert die Anlage nicht autark.

Gesetzliche Einschränkungen

Meist sind es zwei Panels die zusammengeschaltet werden und rechnerisch maximal knapp 700 Watt Leistung erbringen können. In der Praxis sind das aber je nach Sonneneinstrahlung deutlich weniger.

Wer ein Balkonkraftwerk mit mehr als 600 Watt Mikrowechselrichter-Ausgangsleistung betreiben will, kann dies bis 3,68 Kilowatt tun, aber derzeit in Deutschland nicht im vereinfachten Verfahren selbst anmelden. Das ist dann ein Leistungsbereich, bei dem genauso wie bei einer großen Fotovoltaikanlage die Abrechnung mit dem Netzbetreiber und die steuerlichen Vorgaben des Finanzamts etwas komplizierter werden.

Bis 600 Watt Leistung sind Sie von allen Einschränkungen und Verpflichtungen verschont.

Wer dazu noch einen Speicher dazwischenschaltet, kann auch den nicht unmittelbar verbrauchten Strom für sich reservieren. Da diese Mini-Solaranlagen nur begrenzt Strom liefern, ist diese Batterielösung eher großen Solaranlagen vorbehalten.

Speicherbatterien

Ganz grundsätzlich: Die Batterieherstellung ist umweltbelastend und mit vielen CO_2-Emissionen verbunden. Dazu werden Kobalt und Lithium gebraucht, zwei Schlüsselrohstoffe der Zukunft. Da der Abbau und die Begleitumstände nicht vor unseren Augen passieren, sind wir geneigt, diese zu verschließen. Ob die Forschung Batterietypen entwickeln kann, die weniger umweltschädlich sind, bleibt zu hoffen. Ausgeschlossen ist dies nicht, denn Forscher sind naturgemäß erfinderisch. Die Umstellung vom Verbrenner bei der Mobilität oder die Speicherung von nachhaltig erzeugtem Strom hat einen sehr hohen Preis für die Natur und das Klima. Die Abwägung der Vor- und Nachteile ist schwierig zu führen und interessengesteuert. Weniger zu verbrauchen ist mit Sicherheit die bessere Lösung.

Hoffen wir auf neue, umweltfreundlichere Batterietypen.

Einige E-Autos – wie beispielsweise der bald lieferbare Sion – haben eine Batterie verbaut, die über eine bidirektionale Wallbox auch Strom zurück in den Haushalt abgeben kann. Ein echter Doppelnutzen.
In Österreich liegt die Grenze für Balkonkraftwerke bei 800 Watt. Ein gutes Vorbild für Deutschland. Vielleicht schreiben Sie diesbezüglich Ihrem Abgeordneten im Bundestag und in der EU und bitten um seinen Einsatz für die Erhöhung der Grenzwerte.

Intelligenter Stromzähler

Wer genauer wissen möchte, wo, wann und wie viel Strom er verbraucht, benötigt einen intelligenten Stromzähler, der vom Netzbetreiber eingebaut werden muss. In vielen Ländern Europas sind diese bereits Standard. Wer Strom über eine Fotovoltaikanlage ins Netz einspeist, hat bereits so einen Zähler, um den eingespeisten Strom zu messen und abzurechnen. Sie lösen die alten Ferrari-Zähler mit der langsam drehenden Scheibe ab. Damit verbunden ist eine höhere Grundgebühr.

Es gibt zwei Typen:

Der digitale Stromzähler zählt den Verbrauch für jeden Tag, die Daten lassen sich 2 Jahre lang abrufen, und die Zeiträume können jeweils miteinander verglichen werden.
Wer über 6000 Kilowattstunden verbraucht, Strom einspeist oder eine Heizung mit Wärmepumpe hat, bekommt diesen Zähler verpflichtend.

Der intelligente Stromzähler zeigt den Verbrauch viertelstündlich an, und die Ergebnisse lassen sich über eine App abrufen. Diese Systeme sind von außen steuerbar.
So kann der Netzbereiter je nach Last den Strombedarf besser steuern. Für Deutschland ist das Zeitfenster für den Einbau noch unbestimmt. Diese Situation kann sich aber schnell ändern.

Es gibt auch kleine portable Strommesser, die zwischen Elektrogerät und Steckdose angebracht werden. So kann man den Verbrauch ermitteln. Das ist auch interessant, um den Verbrauch einzelner Geräte genauer zu analysieren.

Das Energieeffizienzlabel

Ein gutes Hilfsmittel, um neben der Verbrauchsangabe in Kilowattstunden im Produktblatt Stromfresser zu entlarven, ist das EU-Effizienzlabel. Sparsame Geräte bekommen ein A oder B. Die Skala reicht bis G und niedrige Effizienz.

Die Effizienzklassen haben sich in den letzten Jahren verändert. A, A+, A++, A +++ entsprechen seit März 2021 nicht mehr dem heutigen Label A, das ein besonders sparsames Gerät bezeichnet. A+++ auf dem alten Energielabel kann also verbrauchsintensiver sein als das neue A oder B auf der seit März 2021 gültigen Skala. Vergleichen Sie den angegebenen Stromverbrauch in Kilowattstunden pro Jahr, damit Sie den Unterschied erkennen. Nicht alle Geräte wurden bisher auf das neue Energielabel umgestellt, einige haben noch eine Übergangsfrist. Das gilt beispielsweise für Backöfen, Staubsauger oder Wäschetrockner. Daher sind sowohl die alte Skala von A++ bis D als auch die neue von A bis G auf verschiedenen Geräten zu finden.

Die Geräte sind in den letzten Jahren sehr viel sparsamer geworden. So ist es einerseits zwar eine Katastrophe, wenn der Kühlschrank oder die Waschmaschine kaputt gegangen ist, aber andererseits bekommt man mit dem neuen Gerät auch eine Chance, den Stromverbrauch deutlich zu senken.

Spartipp: Nach 20 Jahren ist es Zeit, Stromfresser auszutauschen. Die Einsparungen überwiegen den Energieaufwand für die Herstellung des neuen Gerätes. Beim Kauf auf das Energielabel oder die Verbrauchsangaben achten.

Spartipp: Seit März 2021 gibt es eine neue Skala für das Energielabel. Die Skala von A+++ bis D wurde durch eine Einordnung von A bis G ersetzt.

Lassen Sie sich nicht täuschen: Ein A+++ auf der alten Skala kann schlechter sein als ein D auf dem neuen Energielabel. Beide Energielabels werden bisweilen nebeneinander verwendet, um Kunden zu verleiten, ein A+++ und damit ein altes Gerät zu kaufen.

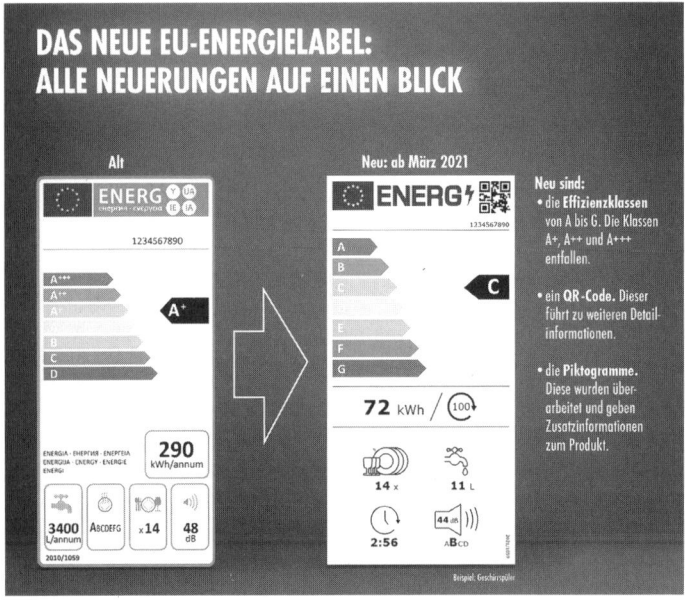

Das neue Energielabel im Vergleich zum alten: Auf einen Blick lassen sich der Stromverbrauch im Jahr, der Wasserverbrauch und die Energieeffizienzklasse ablesen.
Der obere Teil des Energielabels ist immer einheitlich. Im unteren Teil finden Sie gerätespezifische Informationen, wie hier zum Beispiel für eine Spülmaschine.

Kleingeräte haben kein Energielabel, aber in der Produktbeschreibung und an einer abgewandten Stelle auf dem Gerät befindet sich ein Aufkleber mit der Angabe, wie viel Watt das Gerät verbraucht.

Hat ein Wasserkocher 2000 Watt und läuft dieser an einem Tag insgesamt 15 Minuten, so verbraucht er 500 Wattstunden oder 0,5 Kilowattstunden. Hochgerechnet auf 300 Tage im Jahr ist das ein Verbrauch von 150 Kilowattstunden. Ganz schön üppig, oder? Trotzdem ist dies günstiger, als das Wasser im Topf auf dem Herd zum Kochen zu bringen.

Spartipp:: Beim Wasserkocher macht es schon einen Unterschied, ob wir nur so viel Wasser heiß machen, wie wir auch brauchen. Mehr Wasser verlängert die Laufzeit bis zum Kochen und somit den Stromverbrauch deutlich.

■ Auch ein Computer hat kein Energielabel. Da ist es also sinnvoll, auf den Stromverbrauch in der Produktbeschreibung zu achten. Denn Computer können echte Stromfresser sein, auch im Ruhemodus. Ein Notebook ist energetisch immer die bessere Wahl, falls sich die Aufgaben darauf erledigen lassen.

Mehr zu den Energielabels kann man über die Websites von Umweltministerium oder Verbraucherzentralen erfahren.
Hier der Link zur Verbraucherzentrale:
www.verbraucherzentrale.de/wissen/umwelt-haushalt/nachhaltigkeit/energielabels-eine-uebersicht-5751

Spartipp: Sie wollen ein neues Gerät für den Haushalt kaufen? Die Plattform EcoTopTen *(www.ecotopten.de)* gibt für verschiedene Geräte sowohl den Stromverbrauch als auch die voraussichtlichen Stromkosten an.

Diese Kriterien sind für die Auswahl des richtigen Geräts eine gute Unterstützung. Das spart im Verbrauch dann richtig Geld.

Und auf *www.Spargeraete.de* gibt es eine Onlinedatenbank für die sparsamsten marktverfügbaren Waschmaschinen, Trockner, Waschtrockner, Geschirrspüler und Kühlgeräte, sortiert nach Stromverbrauch oder Gesamtkosten über die Lebensdauer der Geräte. Zusätzlich finden sich Energiespartipps und Hinweise, worauf man beim Kauf achten sollte.

Recherchieren und vergleichen Sie. Wer informiert ist, trifft die beste Wahl.

Wo wird wie viel Strom verbraucht?

Welche Anwendungen in Haushalten im Schnitt für welchen Anteil am Stromverbrauch verantwortlich sind, lässt sich der folgenden Grafik entnehmen:

bdew
Energie. Wasser. Leben.

So wird Strom im Haushalt eingesetzt

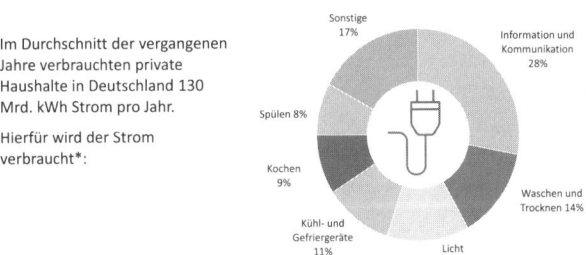

Im Durchschnitt der vergangenen Jahre verbrauchten private Haushalte in Deutschland 130 Mrd. kWh Strom pro Jahr.

Hierfür wird der Strom verbraucht*:

Sonstige 17%
Information und Kommunikation 28%
Spülen 8%
Kochen 9%
Kühl- und Gefriergeräte 11%
Licht 13%
Waschen und Trocknen 14%

Quellen: BDEW 2021   *Aufteilung für Haushalte ohne elektrische Warmwasserbereitung

Dieser Durchschnitt entspricht nicht unbedingt Ihrer individuellen Situation, gibt aber gute Hinweise. Waschen, Spülen, Kochen und Kühlen sind fast für die Hälfte der Stromrechnung verantwortlich. Wie schaut das in Ihrem Haushalt aus? Gibt es dort den einen oder anderen Stromfresser, der ausgetauscht werden sollte?

- Einer der größten Stromfresser im Haus arbeitet im Verborgenen und wird oft übersehen.

Wir haben im Kapitel »Die Heizung« schon darauf hingewiesen. Eine alte Umwälzpumpe in der Heizung kann allein für 500 Kilowattstunden Verbrauch verantwortlich sein. Neue Hocheffizienzpumpen brauchen 80 Prozent weniger. Austauschen!

Fernseher, Computer und Musikanlagen verbrauchen 28 Prozent des Stroms. Wo ist Ihr Einsparpotenzial? Der alte, große Bildschirm am Computer sollte beispielsweise längst ausgetauscht werden.

Computer und Bildschirme verbrauchen auch im Stand-by viel Strom.

- LED-Bildschirme verbrauchen sehr viel weniger Strom. Bei Arbeiten, die am Laptop erledigt werden können, brauchen wir keinen großen Bildschirm.
- Geräte müssen nicht im Stand-by-Modus laufen.

Kochen und Backen

Wer gerne selber kocht, sollte dies auch beibehalten. So haben Sie den Überblick, was drin ist und können frische Zutaten verwenden. Mit anderen Worten, Sie wissen, was Sie essen. Bewegung und gutes, gesundes Essen sind die wichtigsten Lebensstilfaktoren, die ein langes Leben ohne Krankheit versprechen. Aufwärmen von Fertiggerichten ist damit nicht gemeint. Beim Kochen und Backen gibt es einige einfache Hinweise, wie das energieschonend klappt. Profis am Kochlöffel wird man damit vermutlich nicht mehr überraschen können.

Die Wahl des Energieträgers: Erdgas oder Flüssiggas aus der Gasflasche?

Wer mit Gas kocht und backt und dies bequem findet, ist hier gegenüber Strom sogar im Vorteil. Zwar ist der strombetriebene Herd energieeffizienter, aber Gas ist günstiger zu bekommen als Strom. In der Vergangenheit war die Nutzung von Gas besonders kostensparend.

Ob das so bleibt, muss man sehen. Man muss hier die steigenden Preise im Auge behalten, aber auch Strom wird nicht billiger werden. Werden Gasflaschen mit Flüssiggas verwendet, ist das sogar eine autarke Lösung, die auch bei allen Horror- und Notfallszenarien sicher funktioniert.

Die Hitze ist beim Gas sofort verfügbar, und es entfällt die Anheizzeit. Die Größe des Kochtopfs ist unerheblich, und ein Metallkern wie bei der Induktion ist nicht nötig. Solange das Gas fließt, bleibt es eine gute Lösung.

Kochen und backen mit Strom

Kochen und Backen erledigen die Mehrzahl der deutschen Haushalte mit Strom.

Die Wahl des Herdes kann helfen, Strom zu sparen. Das erste Kriterium bei der Auswahl ist dabei das Energielabel. Dieses gilt aber nur für die Backfunktion, nicht für die Kochfelder.

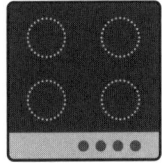

Diese Zahlen hat der Fachverband für Energie- marketing und -anwendungen als Durchschnitt ohne Differenzierung der Herdarten in Deutschland ermittelt.

Stromverbrauch Elektroherd

Haushaltsgröße	Verbrauch pro Jahr
1 Person	180 kWh
2 Personen	220 kWh
3 Personen	390 kWh
4 Personen	480 kWh

Es lohnt sich also, die Energieeffizienz des Herdes genauer ins Visier zu nehmen.

Die Kochfelder

Ein Induktionsfeld für die Kochfelder ist gegenüber Ceran oder den alten gusseisernen Kochplatten beim Energieverbrauch eindeutig im Vorteil. Es muss keine

Kochplatte erhitzt werden, die dann die Hitze an den Topf oder die Pfanne weitergibt. Die Platte bleibt kalt und die Hitze kommt sofort im Topfboden an. So ist auch die Hitzedosierung besser steuerbar.

Es kann aber nur Kochgeschirr verwendet werden, das auch induktionsfähig ist. Bei neuen Töpfen und Pfannen trifft das fast immer zu.

Das Positive bei der Induktion ist, dass das Kochfeld die Größe des Kochtopfes erkennt und keine Energie seitlich vergeudet wird. Noch eine gute Eigenschaft. Auf den Induktionskochfeldern brennt nichts mehr ein, und somit muss auch nichts mehr mühsam weggeschabt werden.

Spartipp:
Induktions-kochplatten sind zwar teurer als Ceranfelder, die Anschaffung lohnt sich aber schon nach kurzer Zeit.

Spartipp: Sie wissen nicht, ob Ihr alter Kochtopf induktionsfähig ist? Machen Sie den Magnettest. Bleibt ein Magnet am Boden Ihres Topfes haften, dann ist er auch induktionsfähig, und Sie haben Geld gespart, weil Sie keinen neuen kaufen müssen.

Edelstahltöpfe sind zwar metallisch, eignen sich aber nur selten als Induktionskochtöpfe. Das liegt daran, dass hier zu viel Chrom eingearbeitet ist und das Metall in der Legierung seine magnetischen Eigenschaften verliert. Auch Aluminiumtöpfe funktionieren nicht, da das Metall nicht magnetisch ist.

Kochen Sie mit einem Ceranfeld?

Spartipp: Achten Sie darauf, dass der benutzte Topf nicht kleiner als das Wärmefeld ist, da sonst viel Energie ungenutzt bleibt. Wenn Topf und Kochfeld die gleiche Größe haben, ist das die optimale Kombination. Dies gilt auch, wenn Ihr Induktionsfeld keine flexible Topferkennung hat, was aber mittlerweile Standard ist.

Spartipps beim Kochen

Ob auf Gas, Ceran oder Induktion, immer gilt: Kochen mit Deckel. Das ist je nach Kochdauer bis zu dreimal günstiger als ohne.

Bei langen Garzeiten ist ein Induktions-Schnellkochtopf die beste Wahl. Das spart gegenüber einem herkömmlichen Topf mit Deckel mindestens 30 Prozent Energie. Und die Zubereitung dauert nur halb so lange. Eine Win-win-Empfehlung.

Es gibt gute und schlechte Kochtöpfe. Schlechte Töpfe zu kaufen bedeutet, am falschen Ende zu sparen. Der Boden sollte immer plan sein und darf sich nicht verziehen. Billige Pfannen neigen aber dazu. Eine Dicke des Bodens von mindestens 2 bis 6 Millimeter ist ratsam. Sind Anhaftungen am Boden, dann liegt dieser nicht optimal auf dem Herd auf, und die Energie kann sich nicht richtig übertragen.

Viele Köchinnen und Köche brauchen zum Anheizen etwas mehr Energie, einverstanden. Es ist aber richtig, rechtzeitig auf die Gartemperatur zurückzuschalten, vor dem Kochende den Herd bereits abzuschalten und das Gericht mit der Nachwärme fertigzukochen.

Wasser kochen ist nicht die Stärke von Herdplatten, insbesondere von Ceranfeldern. Da kann es von Vorteil sei, wenn Sie zum Nudelkochen das Wasser im Wasserkocher erhitzen und dann das heiße Wasser in den Topf schütten. Ein entkalkter Wasserkocher braucht viel Strom, aber erhitzt Wasser günstiger als ein Kochtopf auf der Platte. Dies gilt nicht für einen Gasherd.

Je mehr Wasser Sie nehmen, desto mehr müssen Sie auch erhitzen. Also dosieren Sie, wie viel Sie für das

Gemüse oder die Kartoffeln wirklich brauchen. Es muss nicht immer der große Topf sein, sondern gelingt auch mit einer Nummer kleiner und dementsprechend weniger Wasser.

⚡ Essen garen und kochen im Topf – natürlich immer mit Deckel. Mit einem Glasdeckel haben Sie gute Einsicht.

⚡ Kleine Extrageräte zum Kochen wie beispielsweise der Eierkocher oder der Reiskocher sind der Kochplatte beim Energieverbrauch oft überlegen.

Beim Kochen sind **Induktionskochfelder** der klare Energiesparsieger. Mit einem flexiblem Heizfeld und Kochtopferkennung wird es nur dort warm, wo die Hitze gebraucht wird.

Der Backofen

Bei der Anschaffung des Backofens lohnt es sich, auf Testergebnisse und das Energielabel zu achten. Nicht alle Backöfen schaffen es, eine gleichmäßige Hitze im ganzen Backraum herzustellen. Dadurch wird der Kuchen schnell einmal ungleichmäßig braun.
Beim Backen ist ein Gasbackofen nicht günstiger als ein Modell, das mit Strom wärmt. Der strombetriebene Backofen verbraucht, aufs Ganze gesehen, weniger Energie als ein Gasherd.

⚡ Generell ist Backen mit Umluft energiesparend, da die Backtemperatur 30 °C geringer ausfallen darf und der Kuchen schneller fertig ist. Auch kann man auf unterschiedlichen Ebenen zwei Kuchen gleichzeitig backen, und ein Braten und ein Kuchen im gleichen Backvorgang sind ebenfalls kein Problem. Geschmacksübertragungen sind unwahrscheinlich.

Spartipps fürs Backen

Alte Backbücher weisen in den Rezepten oft darauf hin, dass der Herd vorgeheizt werden muss. Backöfen werden heutzutage jedoch sehr schnell warm und erreichen gerade im Umluftbetrieb die Betriebstemperatur in wenigen Minuten. Eine Vorheizzeit ist also nicht mehr nötig. Gleichen Sie die Backzeit mit einer Zugabe von einigen Minuten aus.

Vorheizen kostet Energie

	Vorgeheizter Backofen	ohne Vorheizen	Ersparnis
Rührkuchen	1,7 kWh	1,4 kWh	17 Prozent
Braten	2,2 kWh	1,8 kWh	18 Prozent

Diese Zahlen hat der Fachverband für Energiemarketing und -anwendungen als Durchschnitt ohne Differenzierung der Herdarten in Deutschland ermittelt.

⚡ Putzen Sie die Scheibe des Ofens regelmäßig, dann erübrigt es sich, die Tür unnötig oft zu öffnen, um nachzusehen, ob der Kuchen schon fertig ist. Denn dabei entweicht regelmäßig viel Wärme. Und Wärme kostet Energie.

⚡ Ist der Kuchen bald fertig? Dann schalten Sie das Backrohr aus und nutzen Sie die Nachwärme. 5 bis 10 Minuten vor Back- oder Garende sind kein Problem. Der Kuchen ist trotzdem durch und der Braten knusprig.

⚡ Eigentlich selbstverständlich: Was lange gart, braucht mehr Energie, das trifft auch bei einer niedrigen Gartemperatur zu. Gerichte, die schnell gehen, haben einen eindeutigen Vorteil.

⚡ Das Aufbacken von Brötchen im Brötchenaufsatz oder die Zubereitung von Toasts gelingt im Toaster stromsparender. Dazu muss nicht gleich der ganze Backraum aufgeheizt werden. Generell gilt: kleine Backsachen in kleinen Zusatzgeräten, große Mengen im Backofen.

⚡ Scheinbar eine tolle Erfindung ist es, den Schmutz im Backofen einfach durch Pyrolyse, also mit besonders hoher Temperatur, zu verbrennen und ohne weitere Reinigung auszukehren und auszuwischen. So das Werbeversprechen. Nur verbraucht das extrem viel Strom. Also besser nicht. Die Reinigung von Hand reicht völlig aus.

Kleine Haushalts- und Küchenhelfer

Für jede Tätigkeit gibt es ein Gerät. Sie brauchen Strom und Platz. Die meiste Energie im Haushalt wird für das Erwärmen von Wasser oder für Gerichte verwendet.
Kleine Geräte haben hier tatsächlich überwiegend eine bessere Verbrauchsbilanz als die meisten Kochfelder oder der große Backofen.
Sie sind kleiner, sind genau für ihre Funktion designt und haben weniger Energieverlust.
Eierkocher, Toaster, Kaffeemaschine, Dampfgarer oder Reiskocher haben also ihre Daseinsberechtigung. Integrierte Warmhaltefunktionen können sich allerdings negativ auswirken.

Kleine Küchengeräte haben für kleinere Mengen beim Stromverbrauch oft Vorteile gegenüber der Kochplatte und dem Backofen.

Wie immer im Leben kommt es darauf an. Bei großen Mengen und längeren Koch- und Backvorhaben sind Herd und Induktionsplatte im Vorteil. Ist der Topf oder die Backröhre erst einmal heiß, braucht der Herd nur noch wenig Energie, um die eingestellte Hitze zu erhalten. Mit der Heißluftfunktion können sogar mehrere Backwerke gleichzeitig im Ofen bleiben. Das ist praktisch und spart zugleich Strom. Dass ein Vorheizen nur selten nötig ist, hat sich bereits herumgesprochen.

Spezial: Kochen ohne Strom

Strom ist der Alleskönner im Haushalt. Ohne ihn funktioniert nur wenig. Wer den Küchenherd mit Gas betreibt, ist erst einmal fein raus. Gas hat, solange es billig zu bekommen ist und auch fließt, zumindest auf der Kostenseite eine gute Bilanz, wenn auch nicht bei der Energieeffizienz. Es ist ein fossiler Brennstoff und so nur eine Übergangsenergiequelle zu einer nachhaltigen Energieversorgung. Wer für ein Notfallszenario einen Holzofen in die Wohnung gestellt hat, kann darauf in einem Kochtopf auch Wasser oder einen Eintopf erhitzen.

Flüssiggas bietet sich als Energieform für ein Notfallszenario an.

Für eine autarke Stromversorgung sind die Bedingungen anspruchsvoll. Dazu sind ausreichend Solarzellen auf dem Dach und eine Solar-Speicherbatterie nötig. Die Speicherbatterie kann dann den Wechselrichter versorgen, der wiederum den Gleichstrom der Solarzelle in Wechselstrom wandelt. Der Herd und auch der Kühlschrank laufen dann bei genügend Sonnenschein auch ohne externe Stromversorgung weiter. Doch nicht jeder hat die Möglichkeit und das Geld, um diese Idee umzusetzen.

Kein Stromspar-, aber ein Notfalltipp

Einzig Holz, Kohle, Petroleum, Esbit oder Gas kommen von der Energiedichte her infrage, um Strom bei einem Versorgungsausfall zu ersetzen. Statt der Küchenmaschine oder des Thermomix kommen wieder der Kochlöffel, der Schneebesen und das per Kurbel betriebene Rührgerät zum Einsatz.

Kochen und Heizen mit Gas

Gas kann als Flüssiggas in Flaschen bevorratet werden. Mit einem Gasherd oder der mobilen Variante als Gaskocher kann man jederzeit Speisen ohne Strom erwärmen. Mit zwei 11-Kilogramm-Gasflaschen im Notvorrat kommt man schon ziemlich weit.

Zwar kann über die Gasflasche die stationär eingebaute Gasheizung nicht versorgt werden, aber es gibt mobile gasbetriebene Heizstrahler, die für eine gewisse Zeit die Wohnung warm machen. Hier ist darauf zu achten, dass der Druckminderer für Innenräume geeignet und zugelassen ist. Vergessen Sie nicht: Beim Verbrennungsprozess wird in geschlossenen Räumen schnell der Sauerstoff knapp, es entstehen CO_2 und Feuchtigkeit. Deshalb muss auf ausreichende Lüftung geachtet werden, und die Heizung darf nicht laufen, während Sie schlafen.

Diese mobile Gasheizung ist also nur eine Übergangslösung.

Mit Holz und Kohle

Dies funktioniert nur im Freien, aber auf einem Grill kann man perfekt kochen. Sehr in Mode sind auch der Eintopfofen oder zum Kochen über offenem Lagerfeuer der Dutch Oven. Im Winter braucht es in Innenräumen aber einen Ofen mit Kamin, um mit Holz und Kohle zu kochen und zu heizen.

In früheren Zeiten war der Mittelpunkt einer Küche der Holz- oder Kohleofen, auch Küchenhexe genannt. Dieser Herd hat den Raum erwärmt und die Kochplatten erhitzt. Im Backrohr steckte der Braten oder ein Kuchen. Und in einer kleinen Wasserwanne, Schiff genannt, stand immer heißes Wasser zur Verfügung. Genial! Es gibt diesen Küchenherd immer noch, aber in einer zeitgemäßen Variante. Wer einen Kaminanschluss und genügend Platz hat, kann sich diesen Herd kaufen. Holz und Kohle sind teuer geworden, lassen sich aber für den Notfall gut lagern.

Zwar ist Holz zu verfeuern nachhaltig, produziert aber erst mal viel Feinstaub und klimaschädliches CO_2.

Petroleumofen

Notfallexperten haben ein solches Modell als Standard-
ausrüstung für alle Fälle. So ein Ofen ist handlich und
einfach zu bedienen. Er heizt und hat eine Kochplatte,
um Speisen zu erwärmen. Mit einem 5-Liter-Tank kann
der Petroleumofen 24 Stunden betrieben werden.

Petroleum ist ein Erdölprodukt mit hohem Energiewert.
Wie alle fossilen Brennstoffe muss bei der Nutzung regelmäßig gelüftet werden, da Sauerstoff verbraucht
wird und CO_2 anfällt. Für kurze Notzeiten und besonders in Campingsituationen bei vorsichtigem Umgang
gut geeignet.

Kühlen und Einfrieren

Alle Geräte im Haushalt haben einmal Ruhe, nur Kühlschrank, Gefriertruhe beziehungsweise Gefrierschrank
nicht. Diese Kühlgeräte sind immer wach und schlafen
nie. Kein Wunder, dass der Schriftsteller Axel Hacke
seinem alten Kühlschrank Bosch menschliche Eigenschaften angedichtet und den fiktiven Dialog mit dem
brummelnden Bosch aufgeschrieben hat. Dieses Buch
ist ein Bestseller.

Hier geht es ganz schnöde um sachliche Fakten. Alter
Kühlschrank? Vermutlich ein besonders großer Stromverbrauch. Die Assoziation ist richtig. Ein alter Kühlschrank mit Gefrierfach kann 500 Kilowattstunden im
Jahr brauchen, ein neuer deutlich weniger als die Hälfte.

Repair-Cafés sind bei defekten Fahrrädern oder ka-
putten Stühlen an sich eine schöne Sache. Aber ob es
so eine gute Idee ist, alte Kühlschränke und andere
Elektrogeräte wie Plasmafernseher und 15 Jahre alte
Waschmaschinen wieder zum Laufen zu bringen? Wenn
es um die Energiebilanz geht, dann eindeutig nein.

Der neue Kühlschrank

Schön soll der neue Kühlschrank sein, eine praktische Raumaufteilung haben und nicht kleiner, aber auch nicht größer daherkommen, als er gebraucht wird. Das wichtigste Kriterium jenseits der Ästhetik ist aber der Energieausweis und der Jahresenergieverbrauch. Je nach Größe fällt der Verbrauch auch unterschiedlich aus. Ein großes Volumen hat seinen Preis.

Als grobe Richtschnur gilt: Bei einem Singlehaushalt sind 100 bis 140 Liter richtig. Eine vierköpfige Familie braucht 200 Liter.

Energielabels eines Kühlschranks ohne Gefrierfach

Gibt es im Haushalt schon eine Gefriertruhe, dann ist ein Kühlschrank ohne Eisfach eine Überlegung wert. Er verbraucht ein Drittel weniger Energie als ein Modell mit Gefrierfach. Wenn schon ein Kühlschrank mit Eisfach, dann vielleicht eine Variante mit zwei Türen für die beiden Kältezonen. So bleibt das Gefrierfach zu, wenn der Kühlschrank geöffnet wird.

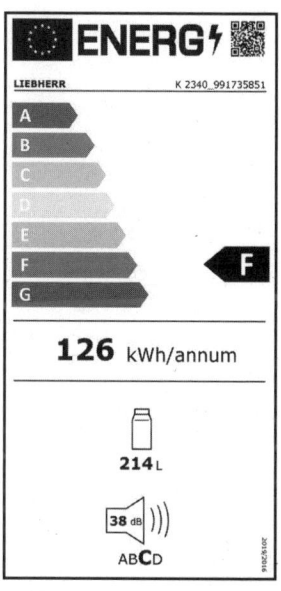

Die Kühlzonen

Moderne Kühlschränke haben keine Einheitstemperatur, sondern für verschiedene Lebensmittelarten angepasste Kühlzonen mit unterschiedlichen Temperatur- und Feuchtigkeitsniveaus. In der Gebrauchsanweisung der neuen Geräte steht, wo Gemüse, Eier, Käse oder Getränke am längsten frisch und bekömmlich bleiben. Die Abtauautomatik verhindert, dass der Kühlschrank vereist. Der Kühlschrank sollte voll, aber nicht ganz voll sein, damit die Kühle zirkulieren kann. sodass er weniger Energie verbraucht.

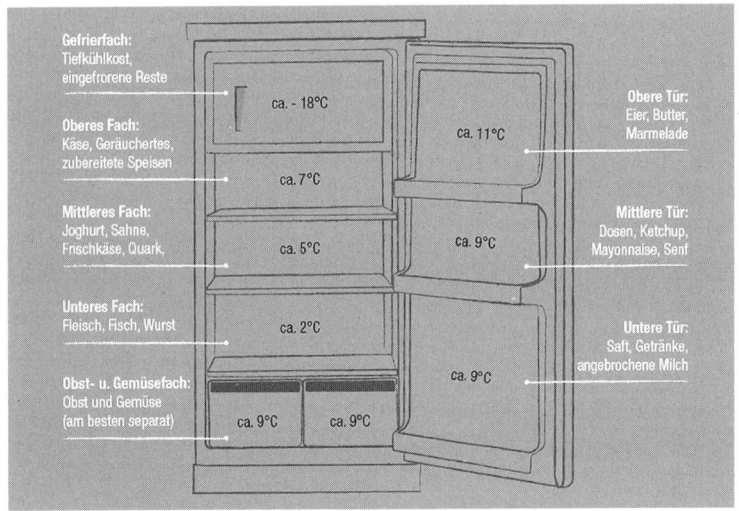

 **Spartipps:**

■ Stellen Sie den Kühlschrank und ganz besonders die Kühltruhe an einen kühlen Ort.

■ Sonneneinstrahlung und den Platz neben der Heizung sollten Sie vermeiden, denn dann wird das Kühlgerät umso weniger Energie verbrauchen.

■ Schon eine 5 Millimeter dicke Eisschicht im Gefrierfach oder in der Kühltruhe erhöht den Strombedarf um etwa 30 Prozent. Regelmäßig abtauen! Es lohnt sich.

- Ein gut gefüllter Kühlschrank verbraucht anteilig weniger Energie, da die kalten Lebensmittel wie ein Kältespeicher funktionieren.

- Keine noch warmen Speisen in den Kühlschrank stellen. Erst abkühlen lassen und dann in das obere Fach für zubereitete Speisen stellen.

- Den Kühlschrank nicht zu kalt einstellen. Das ist nicht nötig. 7°C im obersten Fach reicht völlig.

- Eine Kühltruhe ist energetisch günstiger als ein Gefrierschrank. Durch das Öffnen der Tür entweicht mehr Kälte als durch den geöffneten Deckel der Truhe, da kalte Luft immer nach unten sinkt.

- Gefrorene Teile, die Sie auftauen wollen, stellen Sie dementsprechend rechtzeitig in den Kühlschrank. So muss der Kühlschrank weniger Kälte produzieren und spart Strom. Wenn die gefrorenen Stücke oben im Kühlschrank platziert werden, sinkt die Kälte nach unten, und der Kühleffekt ist größer.

- Vielleicht etwas übertrieben, aber wer Spaß daran hat, kann sich im Winter von der Natur bei Frostnächten im Freien in PET-Flaschen oder Kühlpads gefülltes Wasser gefrieren lassen und die Flaschen dann am nächsten Morgen oben in den Kühlschrank legen.

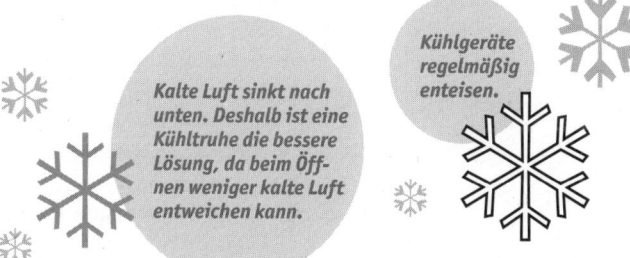

Kalte Luft sinkt nach unten. Deshalb ist eine Kühltruhe die bessere Lösung, da beim Öffnen weniger kalte Luft entweichen kann.

Kühlgeräte regelmäßig enteisen.

Waschen

Sie sind stolz auf Ihre Waschmaschine, weil diese seit 15 oder sogar 20 Jahren durchgehalten hat? Dann liegt der beste Spartipp in diesem Kapitel auf der Hand. Denn die bittere Wahrheit ist: Planen Sie den Kauf einer neuen Waschmaschine, und sparen Sie viel bei den Energiekosten.

■ Eine neue Waschmaschine spart je nach Gebrauch in einer Familie bis zu 200 Kilowattstunden pro Jahr, im Vergleich zu einem 20 Jahre alten Wascholdtimer also knapp 100 Euro. Aber Sie wissen ja, die Strompreise werden steigen.
Die Technik hat große Fortschritte gemacht, und neue Modelle waschen mit weniger Wasser und auch ohne Vorwäsche sowie bei niedrigeren Temperaturen und trotzdem sauber.

Die Technik hat große Fortschritte gemacht, und neue Geräte sind regelmäßig deutlich sparsamer beim Energieverbrauch.

Neu schlägt alt

Aber man kann auch mit alten Maschinen in begrenztem Umfang durch entsprechende Wahl des Waschprogramms und der Waschtemperatur Energie sparen. Wenn es eine neue sein soll, dann schauen Sie in die Testempfehlungen der einschlägigen Magazine. Oft sind billige Maschinen störungsanfällig und unterm Strich die teurere Wahl.

■ Erzeugen Sie in Ihrem Haushalt warmes Wasser günstig über Solarthermie oder eine Wärmepumpe, die mit selbst erzeugtem Strom aus einer Fotovoltaikanlage gespeist wird, ist es überlegenswert, die Waschmaschine direkt an die Warmwasserversorgung anzuschließen. Der wesentliche Teil der Verbrauchskosten einer Waschmaschine entfällt auf die Erwärmung des Wassers für den Waschvorgang. Für das Spülen der Wäsche genügt kaltes Wasser.

Die besten Spartipps fürs Waschen:

- Waschen Sie nur, wenn die Trommel voll ist. Überladen Sie die Maschine nicht, das wäre kontraproduktiv, da die Wäsche dann nicht mehr richtig umgewälzt werden kann.

- Verzichten Sie auf eine Vorwäsche.

- Hartnäckige Flecken einfach mit Gallseife vorbehandeln, dann wird die Wäsche auch im normalen Waschvorgang sauber.

- Kochprogramme sind von gestern und die absolute Ausnahme, beispielsweise bei Krankheit und besonderer Sauberkeitsanforderung. Mit den modernen Waschmitteln wird auch weiße Wäsche und Bettwäsche bei 60 °C hygienisch und optisch sauber.

- Für normal verschmutzte Wäsche reichen 30 bis 40 °C Temperatur völlig aus. Waschpulver sind heute schon bei 30 °C genauso wirksam wie ehemals eine Wäsche mit 60 °C.

- Bei wenig Wäsche: Hat Ihre Maschine eine Sparwäsche für die halbe Menge? Dann nutzen Sie diese auch.

- Damit sich wenig Keime bilden können, lassen Sie Trommel und Waschmittelfach offenstehen. So trocknet alles schneller und es bildet sich kein Nährboden.

- Nicht alles muss immer sofort gewaschen werden. Oft reicht es auch, ein Kleid oder eine Hose einfach auszulüften.

In der Gebrauchsanweisung stehen oft gute Empfehlungen für eine energiesparende Nutzung der Waschmaschine.

Wissen Sie, welchen Härtegrad das Wasser in Ihrer Region hat? Ihre Stadtwerke sagen es Ihnen gerne.

■ Verkalkte Maschinen brauchen mehr Energie und gehen schnell kaputt.

■ Bei Wasser mit hohem Kalkgehalt muss auch mehr Waschpulver verwendet werden, was wiederum die Umwelt belastet.

■ Sie können das umgehen, wenn Sie dem Waschpulver eine Entkalkungstablette beigeben. Dann brauchen Sie weniger Waschpulver, und die Maschine bleibt frei von Kalk und blitzeblank.

Härtebereich	mmol/l Calciumcarbonat	°dH
1 (weich)	bis 1,3	bis 7,3
2 (mittel)	1,3 bis 2,5	7,3 bis 14
3 (hart)	2,5 bis 3,8	14 bis 21,3
4 (sehr hart)	über 3,8	über 21,3

Wie hart ist das Wasser? Angaben in Millimol pro Liter oder Grad deutscher Härte.

Wäsche trocknen

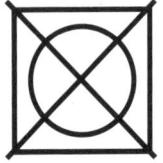

Hohe Schleuderdrehzahlen verkürzen den Trocknungsprozess deutlich. Doch nicht jedes Gewebe mag das. Sie müssen das entscheiden. Aber 1200 oder sogar 1400 bis 1600 Umdrehungen können den Trockengrad um 10 Prozent und mehr verbessern.

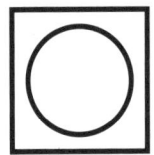

Im privaten Bereich hat es jeder schon gemerkt, dass Trocknen mit der Maschine sehr teuer ist und die Wäsche schneller unansehnlich und das Gewebe brüchig wird. Ein hoher Schleudergang sowie das Trocknen im Freien oder im Winter im Zimmer ist vorzuziehen. Im Zimmer das Lüften nicht vergessen. Bei Sonnenschein trocknet die Wäsche auch im Winter im Freien gut vor.

Moderne Wärmepumpentrockner haben das Prinzip der Luft-Wärmepumpe integriert. Das verbessert den Wirkungsgrad, und der Trockner arbeitet je nach Häufigkeit des Einsatzes mit etwa 200 bis 300 Kilowattstunden Verbrauch pro Jahr. Das ist die Hälfte des Energieaufwandes für die üblichen Abluft- oder Kondenstrockner. Die Wäscheleine bleibt trotzdem entschieden günstiger.

Übersicht über die handelsüblichen Wäschetrockner

Trockner-typ	Beschreibung	Stromverbrauch pro Trockenvorgang	Stromkosten bei 0,40 € pro kWh einmalig und bei 100 Trockenvorgängen pro Jahr
Wärme-pumpen-trockner	■ Modernste Technik ■ Nutzt Wärme der Abluft zum Trocknen ■ Benötigt lediglich einen Stromanschluss ■ Im Vergleich energie-sparend ■ Hoher Anschaffungspreis	1,30 bis 2,00 kWh	Kosten einmalig: 0,52 bis 0,80 € oder bei 100 Trockenvorgängen: 80 Euro/Jahr
Abluft-trockner	■ Lässt Feuchtigkeit über Schlauch ab ■ Benötigt Frisch- bzw. Abluftanschluss ■ Geringe Anschaffungs-kosten ■ Hoher Stromverbrauch	3,20 bis 4,00 kWh	Kosten einmalig: 1,28 bis 1,60 € oder oder bei 100 Trockenvorgängen: 160 Euro/Jahr
Kondens-trockner	■ Kondensiert feuchte Luft und fängt Feuchtigkeit auf ■ Benötigt lediglich Strom-anschluss ■ Geringe Anschaffungs-kosten ■ Hoher Stromverbrauch	3,50 bis 4,40 kWh	Kosten einmalig: 1,40 bis 1,76 € oder oder bei 100 Trockenvorgängen: 176 Euro/Jahr

■ Wer auf einen Trockner nicht verzichten kann, für den gilt immer: die Wäsche mit hoher Drehzahl schleudern und die Maschine voll machen.

■ Wer wirklich sparen will, wird auf einen Wäschetrockner verzichten müssen. Die Wäscheleine ist ein großer Energie-Einsparposten. Wird die Wäsche im Freien getrocknet, ist die natürliche UV-Bestrahlung ein zusätzlicher Hygienepunkt.

■ Wer das Wäschestück auf der Leine schon glatt zieht, spart sich das Bügeln. Moderne Gewebe unterstützen das zusätzlich. Klarer Vorteil für die Leine gegenüber dem Trockner.

Beim Spülen sparen

Ein neues Gerät erledigt die Arbeit mit weniger Wasser und weniger Stromverbrauch. Holen Sie sich die alte Produktbeschreibung hervor und vergleichen Sie. Ist die Differenz beim Verbrauch groß, lohnt sich ein neues Gerät. Das neue Energielabel nennt alle wichtigen Verbrauchswerte auf einen Blick.

Spülmaschinen sind bequem, ob diese auch ökologischer als eine Handwäsche sind, muss eher bezweifelt werden.

■ Neue Maschinen sind auch für den Anschluss an das Warmwassersystem geeignet. Wird dieses günstig beispielsweise mit Solarthermie erzeugt, sieht die Energiebilanz entschieden besser aus. 100 Euro und mehr sind die Verbrauchskosten allein an Strom, die pro Jahr für die Spülmaschine in einem Mehrpersonenhaushalt anfallen.

Diese durchschnittlichen Verbrauchswerte schätzt der Fachverband für Energie-Marketing und -Anwendung (HEA) so ein:

Haushaltsgröße	Jahresverbrauch
Singlehaushalt	ca. 120 kWh
2 Personen	ca. 200 kWh
3 Personen	ca. 245 kWh
4 Personen	ca. 325 kWh

Maschine oder per Hand

Es gibt immer wieder Veröffentlichungen, die der Spülmaschine Vorteile gegenüber der Handwäsche zusprechen.

Meist beziehen sich diese Aussagen auf eine Studie der Uni Bonn, die von günstigen Voraussetzungen für die Spülmaschine und von ungünstigen für die Handwäsche ausgeht. Es ist kein Geheimnis, dass diese Studie von der Hausgeräteindustrie gefördert wurde und nach Lobbyarbeit riecht. Das Öko-Institut in Freiburg hielt dagegen und bewies im Gegenteil, dass Handspüler eindeutig ökologischer und energiesparender abwaschen. Der phosphathaltige Reinigungsmitteleinsatz in den Spülmaschinen ist zudem belastender für die Natur als sparsamer Spülmitteleinsatz.

Wie man schon ahnt, kommt es letztlich auf das Wie an.

Für einen günstigen Betrieb der Maschine sind unter anderem folgende Bedingungen Voraussetzung:

■ Die Maschine muss wirklich voll sein.
■ Im Sparprogramm und bei 50 °C spart man etwa ein Fünftel an Energie und Wasser.
■ Das Geschirr wird nicht vorgespült und gleich eingeräumt. Speisereste können aber dabei verkrusten.

Die Realität sieht bisweilen anders aus.

- Meist ist die Maschine nur halb voll. Denn sammelt sich das Geschirr nur langsam über mehrere Tage an, fängt es zu riechen an.

- Töpfe und Pfannen und anderes sperriges Geschirr nehmen viel Platz und Effizienz weg oder müssen eh per Hand gewaschen werden, weil sie nicht in die Maschine passen oder bald wieder gebraucht werden. Wer die Maschine nutzt, spült immer wieder zwischendurch per Hand. Das ist doppelter Aufwand.

- Wer geübt per Hand spült, hat sogar einen Zeitvorteil, da die Maschine immer wieder umgeräumt wird, um sie voll zu machen.

- Ohne Vorspülen klappt die Wäsche nur unmittelbar nach Gebrauch des Geschirrs, sonst verkleben die Speisereste und riechen. Mit normaler Sparwäsche und bei 50 °C wird das Geschirr dann nicht sauber.

Ob mit Maschine oder per Hand – das muss jeder letztlich selbst entscheiden.

Zu gerne mag man glauben, die Maschine sei günstiger. Es wäre ehrlicher zu sagen, sie ist bequemer. In der Realität treffen die idealen Voraussetzungen für die Vorteile der Maschinenwäsche gegenüber der Handwäsche nicht oder nur selten zu.

Handwäsche hat ihre Vorteile, wenn diese mit wenig Wasser und einer Bürste passiert. Der Wasserhahn ist nur mit kleinem Strahl geöffnet und wird geschlossen, wenn kein Wasser gebraucht wird. Das macht Mühe. Aber das Ein- und Ausräumen der Maschine ist auch kein Vergnügen.

Und 150 bis 200 Kilowattstunden Strom spart der Handspüler auch ein.

Letztlich ist das für jeden die eigene Entscheidung. Für große Familien ist die Maschine vermutlich keine Frage. Als Single oder Paar, wo wenig gekocht wird, ist die Handwäsche eine Überlegung wert, die in diesem Fall günstiger kommt. Eine große Diskussion darüber lohnt sich nicht.

Licht

Die Beleuchtung ist in der Energiespardiskussion schon lange kein Thema mehr.

Die Zeiten von Glühlampen, Halogen, Leuchtstoffröhren oder bläulich leuchtenden Kompakt-Leuchtstofflampen, kurz Stromsparlampen, sind vergessen.

LED-Lampen gibt es in allen Farbqualitäten und Lichtstärken. Für eine 75-Watt-Glühlampe braucht man heute nur noch 9 bis 10 Watt Leistung in der LED-Lampe. Welch ein enormer Fortschritt!

Lumen, Einheit für die Leuchtkraft bei LED Lampen

Die Lichtstärke oder Helligkeit der LED-Lampe oder Leuchtdioden-Lampe wird in Lumen angegeben.

Eine LED mit rund 1500 Lumen entspricht in etwa einer 100-Watt-Glühlampe und kommt je nach Bauart schon mit 10 bis 13 Watt aus. Eine 75-Watt-Glühlampe strahlt mit etwa 1055 Lumen.

LED hat die Erfindung der Glühbirne revolutioniert.

Beim Einkauf der LED ist der Lumenwert neben dem Verbrauch ein wichtiges Kriterium.

Glühlampe Watt	Lumen	LED Watt
25 Watt	249 lm	2–4 Watt
40 Watt	470 lm	3–5 Watt
60 Watt	806 lm	5–7 Watt
75 Watt	1055 lm	9–10 Watt
100 Watt	1521 lm	10–13 Watt

Die Lichtfarbe wird in Kelvin (K) angegeben.
Warmweiß ist die beste Variante für Wohnräume:

Warmweiß	bis 3300 K
Neutralweiß	3400–5300 K
Tageslichtweiß	ab 5300 K

Niedervolt-Halogenlampen

Lange Zeit wurde dieser Beleuchtungstyp mit variantenreichen Seil- und Stangensystemen in besonders künstlerisch gestalteten Räumen eingesetzt. Damit der Strom fließt, waren dicke Spannungsumwandler vorgeschaltet. Was so filigran und künstlerisch stilisiert aussah, war aber ein großer Stromfresser. Die Trafos brauchten viel Energie, und oft waren diese Systeme allzeit bereit. Wer nicht den Stecker zog oder eine Steckdose mit Ein- und Ausschalter benutzte, hatte einen großen Dauerverbraucher. Schön, aber teuer.

Halogenlampen

Es hat sich schon herumgesprochen: Halogenlampen sind zwar klein, aber überhaupt nicht stromeffizient, denn sie brauchen genauso viel Strom wie alte Glühlampen. Dies gilt besonders für Halogen-Decken- und -Standstrahler, die noch oft im Einsatz sind. Auch für diese Bauformen gibt es Alternativen mit LED-Leuchten.

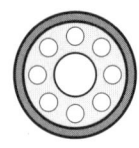 **Spartipp:** Schauen Sie in Ihrer Wohnung, wo sich noch andere Lampentypen verstecken, und tauschen Sie diese gegen eine LED-Lampe aus. LEDs gibt es mittlerweile als Decken- oder Wandlampen, für alle Fassungen, in gebräuchlichen Stromstärken und für alle Farbwerte sowie mit und ohne Dimmfunktion. Vergessen Sie nicht das Licht im Keller, auf der Terrasse, der Wegauffahrt oder an der Haustür. Energieschleudern lauern überall.

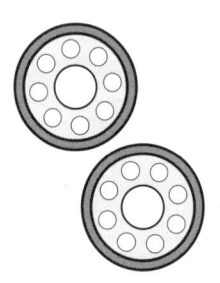

■ Wo das Licht öfter mal nicht ausgeschaltet und vergessen wird, kann man einen Bewegungsschalter und einen Laufzeitbegrenzer einbauen. Dann geht das Licht automatisch an und wieder aus.

Unterhaltung, Computer, Sauberkeit, Gesundheit, Wohlbefinden

In der Wohnung stehen viele Geräte, die mit Strom betrieben werden. Ein Energielabel suchen Sie bei Kleingeräten oft vergeblich, und der Verbrauch beim Betrieb des Gerätes muss aus der Produktinformation herausgesucht werden.

Das Energielabel ist die wichtigste Entscheidungshilfe beim Kauf eines Elektrogerätes. Fehlt dieses, bietet die Verbrauchsinformation in Watt eine gute Orientierung.

Der Energieverbrauch als Kauforientierung

Diese Haushaltsgeräte weisen derzeit das alte (A+++ bis D) oder nach Umstellung und Abverkauf alter Geräte bereits das neue (A bis G) Energieeffizienzlabel der EU aus:

- Kühlschränke und Gefriergeräte
- Dunstabzugshauben
- Geschirrspüler
- Waschmaschinen
- Waschtrockner-Kombinationsgeräte
- Fernseher
- Warmwasserbereiter,
  z. B. Durchlauferhitzer, nicht aber Wasserkocher
- Heizungsanlagen, Raumheizgeräte,
  nicht aber Heizlüfter
- Raumklimageräte
- Lüftungsanlagen
- Lampen/Leuchtmittel

Diese Haushaltsgeräte weisen noch das alte (A+++ bis D) Label aus. Die Bewertung nach dem neuen Label ist für ab 2024 angekündigt:

- Staubsauger
- Backöfen
- Wäschetrockner

- Stand-by: Gerade im Unterhaltungsbereich demonstrieren beispielsweise Fernseher oder Radios mit einem Leuchtpunkt, dass sie allzeit bereit auf Stand-by stehen. Oft sucht man vergeblich nach einem ultimativem Ausschaltknopf. Das kostet Energie und Geld ohne wirklichen Nutzen.

Der Stand-by-Stromverbrauch ist gesetzlich eingeschränkt und darf bestimmte Werte nicht überschreiten.

Link zur entsprechenden Verordnung:
www.umweltbundesamt.de/sites/default/files/medien/
*376/dokumente/datenblatt_oekodesign-richtlinie_*
*standby-_und_schein-aus-_off-mode-verluste_und_*
verluste_im_vernetzten_bereitschaftsbetrieb.pdf

Viel Papier: Mit einem einfachen Ausschaltknopf auf den Geräten wäre alles erledigt.

- Bildschirmschoner: Stand-by-Bilder auf dem Computermonitor verringern den Stromverbrauch nicht, sie verhindern nur das sogenannte Einbrennen von Bildern.

- Ladegeräte und Netzteile: Auch Ladegeräte und Netzstecker von Büro- oder Unterhaltungsgeräten mit Transformatoren ziehen beständig Strom, egal, ob das Gerät in Betrieb ist oder nicht, egal, ob das Mobiltelefon gerade geladen wird oder ob das Kabel einfach verwaist ist und das Netzteil »nur« in der Steckdose steckt.

Dass die kleinen Netzteile auch ohne angehängten Verbraucher Strom verbrauchen, ist konstruktionsbedingt, da in vielen Netzteilen ein Transformator steckt, und der läuft immer, sobald das Teil in der Steckdose steckt, auch ohne Last.

Ein weiterer Aspekt ist der Brandschutz, denn die Netzstecker werden oft warm, wenn sie nicht genutzt werden.
Nur wenn die Netzverbindung wirklich getrennt ist, hört der Verbrauch auf.

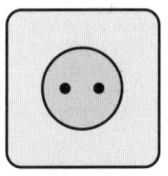

■ Kleine, handliche Stromverbrauchsmesser, die zwischen Gerät und Steckdose zwischengeschaltet werden, geben Ihnen realistische Daten, wie viel ein Gerät an einem Tag, in einer Woche oder einem Monat verbraucht. Das bringt Klarheit.

Netzteile der Ladegeräte in der Steckdose brauchen auch dann Strom, wenn das zu ladende Gerät nicht angeschlossen ist.

Wirklich dauerhaft am Netz bleiben müssen der Kühlschrank, die Heizungszirkulationspumpe, die Heizung im Winter, die FRITZ!box für das Telefon – und dann wird es schon dünn. Dass man dem kabellosen Telefon den Stecker zieht und es gegen ein kabelgebundenes Modell ersetzt, ist möglich, aber vielleicht auch übertrieben. Wer sowieso mit dem Mobiltelefon erreichbar ist, kann darüber nachdenken.

Nein, das WLAN muss nicht Tag und Nacht an sein, wenn es keine triftigen Argumente dafür gibt. Ich glaube nicht an die Gefährlichkeit der Strahlung, aber an den unnötigen Stromverbrauch.

■ Jedenfalls sind schaltbare Steckdosenleisten oder Zwischenstecker mit einem Ausschaltknopf das beste Hilfsmittel für den Stromsparer. Wohlgemerkt, es geht nicht um weniger Komfort, sondern einfach darum, überflüssigen Verbrauch einzuschränken.
Wir haben das im Buch mehrfach erwähnt.

Bei den Kleingeräten kommt es immer darauf an, ob sie wirklich notwendig sind und wie viel Strom sie verbrauchen. Im Prinzip ist deren Energiebilanz oft gar nicht so schlecht.

Beispiele für Kleingeräte in Haushalt und Büro

Computer sind auch Stand-by-Stromfresser

Computer sind zusammen mit den Peripheriegeräten wie Bildschirm und Drucker große Energiefresser. Gerade in Homeoffice-Zeiten kommen da etliche Kilowattstunden auf der häuslichen Stromrechnung zusammen. Strom gespart mit dem Ruhezustand beim Computer? Schön wäre es. Ein iMac mit 27-Zoll-Bildschirm und i5 Prozessor braucht unter Umständen im Ruhezustand satte 70 Watt, und wenn er 10 Stunden nicht arbeitet und nur ruht sind das 0,7 Kilowattstunden.

Bei der Arbeit braucht er 200 Watt oder in 10 Stunden 2 Kilowattstunden. Andere Computer verbrauchen mit Bildschirm bei Last gerne bis zu 300 Watt und mehr.

Auch das Ruhebild auf dem externen Monitor ist eine Stromsparillusion. Es ist nur nichts zu sehen, der Stromverbrauch geht fast ungebremst weiter. Ein Laserdrucker produziert viel Hitze und braucht im Einsatz je nach Größe 300 bis 500 Watt. Das sind in einer Stunde 0,5 Kilowattstunden. Befindet sich der Drucker im Stand-by-Modus, sind es rund 10 Watt.

■ Wenn der Computer nicht arbeitet, dann gehört er ausgeschaltet, um lange stromfressende Stand-by-Zeiten zu vermeiden. Zusammen mit Bildschirm, Scanner, Drucker, Lautsprecher und allem, was dazugehört. Am besten sollten Sie alle Geräte in einer schaltbaren Steckdosenleiste zusammenfassen und mit einem Klick vom Netz trennen.

Kochen mit dem Thermomix

Nein, keine Angst, wir nehmen Ihnen das liebste Küchenspielzeug nicht weg. Der Thermomix ist ein Beispiel für externe Kleingeräte, die eine günstigere Energiebilanz aufweisen, als wenn wir das Rezept auf der Kochplatte oder im Backofen realisieren würden.

Knetet das Gerät den Teig und zerkleinert es so manche Zutaten – und das erledigt das Gerät gut –, dann stehen hier als Leistungsaufnahme maximal 500 Watt in der verbindlichen Produktbeschreibung. Das entspricht knapp dem Stromverbrauch eines Rührgerätes, welches aber weniger komfortabel ist. Und wenn das »Thermo« im Gerätenamen, also das Erhitzen in Aktion tritt, um beispielsweise die Marmelade einzukochen, dann braucht er dafür maximal 1000 Watt plus etwas Energie für das Rühren. Das geht mit einer Herdplatte nicht so gut, zumal diese nicht rührt.

Kleine, auf eine Aufgabe spezialisierte Küchengeräte sind der Herdplatte oder dem großen Backofen durchaus ebenbürtig und energietechnisch sogar oft überlegen.

Das liegt einfach daran, dass sie kleiner sind und dass die Energie ohne große Zwischenwege und weniger Aufwand für das Aufwärmen sofort dort ankommt, wo sie gebraucht wird.

Die Produktangaben der Thermomix-Nachbauten bei Krups, Lidl oder Aldi nennen ähnliche oder geringfügig höhere Verbrauchswerte als der Platzhirsch.

Der Wasserkocher – sparsamer als Kochplatte und Mikrowelle

Wasser heiß zu machen ist energieaufwendig. Geben wir in den Wasserkocher nur so viel Wasser hinein, wie wir auch brauchen, dann ist der Kocher gegenüber dem Kochtopf auf dem Herd sparsamer. Ganz einfach deshalb, weil er die Energie direkt und ohne Umwege in Hitze umsetzt.

Extrageräte im Haushalt

Reiskocher, Toaster, Waffeleisen oder Eierkocher: Wer Platz hat, ist damit nicht schlecht beraten. Alle diese Geräte ziehen Strom, sind aber oft effizienter und wirkungsvoller als Herd und Backofen, die immer das Handicap der Aufheizzeit und -energie haben. Der Vorteil der Spezialgeräte ist, dass sie klein sind und die Hitze direkt ohne großes Vorheizen ankommt.

Sind die Herdplatte und die Pfanne schon heiß, dann arbeitet auch der Herd energieschonend. Wird der Herd mit Gas oder besonders mit Induktion erhitzt, steigt der Wirkungsgrad und er kann auch bei kürzeren Kochvorgängen mithalten. Auf der Langstrecke und für große Mengen sind ein moderner Herd und Backofen sowieso die Champions.

Kritisch sind Warmhaltefunktionen bei den Kleingeräten. Für kurze Zeit ja, okay, aber für einen längeren Zeitraum nein!

Die Mikrowelle ist nur bei kleinen zu erwärmenden Mengen günstig.

Die Mikrowelle – nur für kleine Mengen ratsam

Kleine Mengen bis 250 Gramm lassen sich mit der Mikrowelle günstiger als im Backofen zubereiten. Bei größeren Mengen, die zudem länger garen müssen, ist der Backofen günstiger.

Diese Faustregel liegt darin begründet, dass sich ein Backofen zunächst aufheizen muss. Ist der Ofen heiß, verbraucht er konstant wenig Strom – unabhängig von der Menge des zu erhitzenden Essens. Eine Mikrowelle muss sich nicht erst aufheizen, verbraucht allerdings auf Dauer eine größere Menge Strom. Mehrere zu erhitzende Speisen müssen wegen des geringeren Platzes in der Mikrowelle nacheinander erhitzt werden. Der Backofen ist aber schon heiß.

Das gilt auch für die Herdplatte. Eine Tasse Milch in der Mikrowelle ist okay. Bei mehr Volumen ist der Milchkochtopf besonders auf dem Gasherd oder dem Induktionskochfeld die bessere Wahl. Wenn der Herd noch auf niedriger Stufe eingestellt ist, ist er klarer Sieger gegenüber der Mikrowelle.

- Trennen Sie die Mikrowelle vom Netz, wenn Sie das Gerät gerade nicht verwenden. Sonst verbraucht sie dauernd Strom im Stand-by-Modus.
- Verwenden Sie die Mikrowelle nur bei der Zubereitung kleiner Mengen. Sonst sind Herd und Backofen die günstigere Variante.
- Kochen Sie Wasser im Wasserkocher statt in der Mikrowelle. Ein Wasserkocher verbraucht deutlich weniger Strom.
- Achten Sie bereits beim Kauf einer Mikrowelle auf eine hohe Effizienzklasse. Mehr Leistung, weniger Verbrauch.

Eine Wärmeplatte bei der Kaffeemaschine ist unnütze Energievergeudung.

Kaffeemaschine – ohne Alternative

Auf den Kaffeevollautomaten mit einer Milchaufschäumdüse können viele Menschen nicht mehr verzichten. Das ist verständlich, schließlich sollte das Leben nicht aus Verzicht bestehen. 1000 bis 1500 Watt verbraucht ein Vollautomat, wenn er läuft und gerade Wasser erhitzt. Beim Mahlen und Milchschäumen weniger. Der Jahresverbrauch hängt also sehr vom Modell ab und wie oft er benutzt wird. Bei täglicher Nutzung von 60 Minuten sind das beim Vollautomaten unter Abzug von Urlaubs- und Abwesenheitszeiten rund 164 Kilowattstunden und bei 30 Minuten, was 15 bis 20 Tassen bedeutet, etwa 80 bis 100 Kilowattstunden. Wird das Gerät nicht genutzt, muss es nicht im Stand-by-Modus verweilen. Schalten Sie es aus.

Die Warmhalteplatte in der Kaffeemaschine ist allerdings Unfug und unnütze Stromvergeudung. Nehmen Sie ein Modell mit Thermoskanne, das ist besser und der Kaffee bleibt länger aromatisch. Wenn Sie ein Kaffeestövchen mit Teelicht zum Warmhalten verwenden, ist das durchaus stilvoll und eine günstige Alternative zur Warmhalteplatte. Ja, ich weiß, auch Teelichter gibt es nicht umsonst.

Auf andere Weise Kaffee zu machen, also mit Wasserkocher und Filtertüte über der Kanne, ist nicht viel weniger energieschonend, aber natürlich möglich. Wer mit Strom Wasser erhitzt, verbraucht immer viel Energie, das zeigt das Resümee dieses Buches deutlich.

Bei den Kaffeemaschinen wird dies bestätigt. Allerdings mag ich mir ein Leben ohne Kaffee nicht vorstellen.

Die kleine silberne Espressomaschine aus Studentenzeiten, die auf der viel zu großen Herdplatte vor sich hin köchelt, mag man in diesen Vergleich nicht einbringen. Die Energiebilanz ist fürchterlich.

Eine klassische Kaffeemaschine hat den geringsten Verbrauch. Allerdings hängen die Werte sehr vom Strombedarf des Gerätes und der Häufigkeit der Nutzung ab und können sich in der Realität deutlich unterscheiden.

Kaffeemaschinentyp	Stromverbrauch
Filtermaschine	1000 Watt
Kaffeevollautomat	1400 bis 1500 Watt
Kaffeepadmaschine	1400 bis 1500 Watt
Kapselmaschine	1400 bis 1500 Watt

Staubsauger oder Kehrschaufel?

Viel Watt saugt gut. Das war lange die Maxime der Staubsaugerhersteller. 2500 Watt als Leistungsaufnahme kam bei diesen Geräten durchaus vor. Dem hat die EU einen Riegel vorgeschoben, und seit 2017 gilt eine Wattbegrenzung für Staubsauger von 900 Watt.

Die neuen Modelle saugen genauso gut. Viele haben eine Bürste, die auch Flusen und Krümel ohne Rückstände in das Rohr befördern.

■ Wenn Sie Strom sparen wollen, benutzen Sie zwischendurch auch einmal Besen und Kehrschaufel. Das geht gut und zügig, ohne den Staubsauger zu vermissen. Und vor allem, der Besen ist völlig leise. Eine Wohltat.

TV-Geräte – LED und besser nicht zu groß

In der Unterhaltungstechnik spielt der Fernseher die gewichtigste Rolle. Zwar schauen nur noch ältere Menschen TV-Programme an, aber dies oft ausgiebig.

Es gibt vielfältige technische Realisierungen, weshalb das Energielabel mit dem jährlichen Stromverbrauch ein wichtiges Entscheidungshilfsmittel ist. Die Unterschiede beim Energieverbrauch sind bisweilen sehr groß. Deshalb überprüfen Sie diesen beim Kauf ganz genau.

LCD-Fernseher mit LED-Hintergrundbeleuchtung sind die gebräuchlichsten Modelle.

Je größer der Fernseher ist, desto höher auch der Stromverbrauch, das muss klar sein.

Je mehr Peripheriegeräte wie ein Decoder, eine Box für eine Internettauglichkeit oder eine Soundbar zusätzlich angeschlossen sind, desto mehr steigt der Stromverbrauch. Ist alles bereits im Gerät integriert und es wird nur ein Trafo benötigt, reduziert sich der Stromverbrauch.

Bei allem Sparwillen darf man nicht den Spaß am Leben vergessen.

Natürlich braucht ein **Plattenspieler** mehr Strom als ein **mp3-Player**, aber bietet auch einen anderen Musikgenuss.

Kleingeräte: Föhn, Wecker, Bügeleisen & Co

Föhn – Schönheit hat ihren Preis

Täglich seine Haare zu föhnen ist eine teure Gewohnheit. Die meisten Modelle verbrauchen bis zu 2500 Watt, manche sogar noch mehr. Das denkt man gar nicht, wenn man diese kleinen Geräte so betrachtet. Wer ihn täglich benutzt, kommt durchschnittlich auf 65 Kilowattstunden oder mehr im Jahr. Da ist echtes Einsparpotenzial verborgen.

Wenn es schon ein Föhn sein muss, dann einer mit möglichst geringer Watt-Zahl.

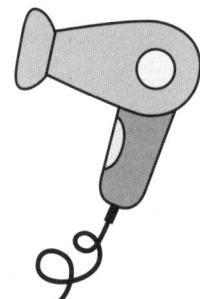

■ Und noch besser: Jeder Kopf ist anders, finden Sie Ihren Stil, wie die Haare am besten natürlich fallen. Ich bin sicher, das sieht auch am besten aus. Anstatt die Haare gegen den Strich zu ondulieren. Okay, im Karneval gilt eine Ausnahme.

Bügeleisen – Ist das noch nötig?

Cleveres Aufhängen nach der Wäsche kann das Bügeln einsparen.

Es gibt kaum mehr Bügeleisen ohne Dampf, aber die Erhitzung des Wassers kostet viel Energie. Dampfbügeleisen nehmen sich durchschnittlich 2500 Watt aus der Steckdose. Ohne Dampf ist das rund die Hälfte weniger.

■ Dampf ist natürlich bequem. Wer mag, kann den Effekt auch mit einem feuchten Bügeltuch erzielen und so die Hälfte der Energie eines Dampfbügeleisens sparen.

Und wer ganz clever ist, zieht die Wäsche an der Leine schon glatt und spart sich das glättende Eisen. Die nicht gebügelte Bettwäsche sieht nach einer wilden Nacht genauso aus wie die gebügelte. Der Kragen einer Bluse oder eines Hemds ist vielleicht die Ausnahme, falls ein Bewerbungsgespräch oder der Besuch in der Oper anstehen.

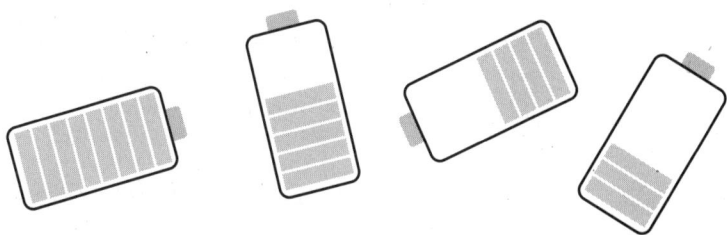

Wecker – ohne Radio günstiger

Ich gebe zu, wir sind beim Kleinkram angekommen. Zwei Watt zieht so ein Radiowecker in der Küche oder am Bett. Dafür ist er immer einsatzbereit, weckt zuverlässig und zeigt die Uhrzeit an. 2 Watt in 24 Stunden sind 48 Watt und ergeben in 365 Tagen und Nächten 17,5 Kilowattstunden.

Wiederaufladbare Akkus sind den Wegwerfbatterien vorzuziehen.

■ Ist das viel, ist das wenig? Ein Wecker ohne Radio mit einem Akku oder einem Solarfeld könnte die Alternative sein. Der kleine Wecker an meinem Bett bekommt einmal im Jahr einen frisch geladenen Akku. Damit ist er zufrieden. Junge Leute lassen sich vom Mobiltelefon wecken.

Batterieladegerät

Einmalbatterien verbrauchen viel Energie bei der Herstellung, deshalb sind Akkus schon richtig und das Wiederaufladen die günstigere Variante. Da es mittlerweile viele Geräte mit Akkus gibt, lohnt sich ein gutes Ladegerät mit Mikroprozessor, das die Akkus schont und den Ladevorgang beendet, wenn der Akku voll ist. Diese Geräte haben auch den geringsten Stromverbrauch. Wenn Sie den Netzstecker nach dem Ladevorgang ziehen, machen Sie alles richtig. Der Transformator im Netzteil zieht auch ohne Last Strom.

Der Verbrauch des Gerätes ergibt sich aus dem Ladestrom und dem Verlust durch den Transformator, der durchaus 50 Prozent ausmachen kann, nimmt aber in der Stromrechnung einen eher kleinen Posten ein.

Wie verhält es sich mit dem USB-Ladegerät, das eine Spannung von 5 Volt und unterschiedliche Stromstärken, meist 1 oder 2 Ampere, für ein Mobiltelefon liefert? USB-C Schnellladegeräte verfügen über höhere Spannungen. Wie rechnet man das in Watt um?

Die Formel dazu: Volt x Ampere x Laufzeit = Wh

USB-Ladegerät mit 1 Ampere:
5 Volt x 1 Ampere = 5 Watt.
Bei einer Ladezeit von 2 Stunden sind das 10 Wattstunden oder 0,01 Kilowattstunden
Bei 365 Tagen sind das 3,65 Kilowattstunden plus den Verlust durch den Trafo, abgerundet 5 Kilowattstunden.

USB-Ladegerät mit 2 Ampere:
5 Volt x 2 Ampere = 10 Watt
Bei einer Ladezeit von 4 Stunden und 2 Ampere sind das
5 Volt x 2 Ampere = 10 Watt und 4 Stunden Ladezeit: 40 Wattstunden oder 0,04 Kilowattstunden.
Dazu kommt ein rund 50-prozentiger Energieverlust durch den Trafo.

Induktives Laden: Höherer Stromverbrauch, geringere Lebensdauer der Batterie

Viele moderne Mobiltelefone können auch induktiv aufgeladen werden, indem diese auf eine entsprechende Ladeschale gelegt werden. Allerdings ist der Wirkungsgrad beim induktiven Laden im Vergleich zur Nutzung des Ladekabels wesentlich geringer: Etwa 10 bis 20 Prozent der Gesamtenergie gehen bei dieser Methode als Wärme verloren. Liegt das zu ladende Gerät nicht exakt auf der Ladefläche, so erhöht sich der Verlustwert. Diese Wärmeentwicklung schadet der Batterie und reduziert deren Lebensdauer, ist die einhellige Expertenmeinung.

Praxistest Ladegerät

Bei meinem iPhone-Ladegerät (5 Volt, 1 Ampere) habe ich einmal ein Strommessgerät zwischengeschaltet und die folgenden ungefähren Verbrauchswerte gefunden, die etwa konform mit den theoretischen Berechnungen sind. Ein 50-prozentiger-Wärmeverlust für den Trafo ist sichtbar:

- Laden bei 50 Prozent Akkuladung
  9 Watt Leistungsaufnahme

- Laden bei 95 Prozent Akkuladung
  6 Watt Leistungsaufnahme

- Laden bei 100 Prozent Akkuladung
  0 Watt Leistungsaufnahme

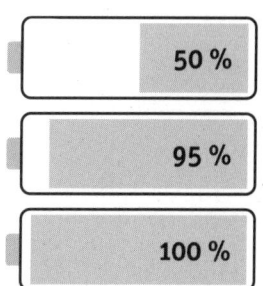

Bei einem Ladegerät für ein Auto könnte die Rechnung so aussehen:
14 Volt x 10 Ampere = 140 Watt plus 6 Stunden Ladezeit ergeben 840 Wattstunden
zuzüglich eines Energieverlustes durch den Trafo.

Bei modernen Ladegeräten ist der Ladestrom aber nicht linear, sondern wird am Anfang eher höher sein und dann abflachen, wie auch der Praxistest oben zeigt.

Werden Sie bei **Elektro-Kleingeräten** selbst zum Energieexperten.
Vergleichen Sie die Verbrauchswerte in der Produktbeschreibung und überprüfen Sie die Daten mit einem Strommessgerät.

Übersichtsplan Ihrer persönlichen Stromverbraucher

Sie wollen genauer wissen, wo der Strom in Ihrem Haushalt fließt? Weil der Verbrauch zu hoch ist und Sie Einsparpotenziale entdecken wollen? Eine Bestandsaufnahme kann Klarheit bringen. Ein kleines zwischengeschaltetes Energiemessgerät liefert zusätzliche Fakten zur theoretischen Berechnung.

Bedenken Sie bei der Nutzung der Geräte, dass Sie auch Urlaub machen oder sonst oft tagelang abwesend sind.

Meine Elektrogeräte	Verbrauch in Watt nach Produktbeschreibung	Nutzung in Std. pro Tag/Monat/Jahr; wegen Urlaub, Abwesenheit etc. abrunden	Verbrauch im Jahr in kWh	Handlungsbedarf
Bsp. Föhn	2000	5 min/2,5h/25h	50 kWh	

Mobilität

Die Mobilität zu Fuß oder per Rad ist kostenlos und hält gesund. Die Nutzung öffentlicher Verkehrsmittel ist vernünftig, aber nicht immer möglich. Die Preise bei der Bahn sind nur günstig, wenn die Reisen sehr frühzeitig gebucht werden. Ein Verzicht auf das Auto ist zumindest in Großstadtbereichen eine Frage der Vernunft. Carsharing könnte in Zukunft eine große Sache werden. Jede Einschränkung individueller Mobilität sowie ein Umstieg auf die öffentlichen Verkehrsangebote und im Nahbereich auf das Fahrrad spart Energie und verbessert die allgemeine Klimabilanz. Das E-Bike ist für weitere stadtnahe Ziele eine gute Alternative zum Auto.

Auf einer Gesamtstrecke von 7 Kilometern verbraucht ein

Fahrrad	0 Watt
E-Bike	100 Watt
E-Auto	4500 Watt
Verbrenner-Pkw	22 000 Watt

Es ist viel Flexibilität erforderlich, eine Verhaltensänderung wird durch viele Unabwägbarkeiten erschwert oder sogar verhindert.

Dass es nicht weitergeht wie bisher, ist allen klar. Eine Handlungsempfehlung und ein Spartipp für eine Zukunftsstrategie sind wegen der individuellen Voraussetzungen nur schwer zu formulieren. Wer Autofahren muss, kann dies aber energiesparend gestalten.

Energiespartipps zum Autofahren

Dick, groß, breit und tonnenschwer ist natürlich ein Widerspruch zum Energiesparen. Die SUV-Debatte und eine Diskussion zum Tempolimit muss man nicht führen. Wer einsichtig ist, hat dies für sich bereits umgesetzt. Auch Parteien, die heute noch den Argumenten der Autolobby folgen, werden angesichts der immensen volkswirtschaftlichen Kosten für den Klimawandel irgendwann einsichtig sein. Profit zum Schaden der Natur entspricht der Philosophie, Gewinne einzustreichen und Verluste zu sozialisieren. Eine Gesellschaft kann so nicht überleben.

Die Autolobby hat großen Einfluss auf die Politik. Sie hat ein großes wirtschaftliches Gewicht. Auch vernünftige, ökologische Argumente werden dabei nicht selten übergangen.

 Je 100 Kilogramm Ballast im Auto erhöht sich der Spritverbrauch um einen halben Liter pro 100 Kilometer oder mehr. Also raus mit überflüssigen Dingen.

 In Fahrgemeinschaften kann man sich die Spritkosten teilen.

 Ein Dachgepäckträger steigert den Luftwiderstand und kostet einen Liter auf 100 Kilometer. Auch der Fahrradständer auf der Anhängerkupplung vergrößert den Luftwiderstand.

 Kurzstrecken, gerade wenn es einmal kälter ist, katapultieren den Spritverbrauch in utopische Höhen. 30 Liter auf 100 Kilometer sind da möglich. Und meistens sind diese gar nicht nötig, sondern pure Bequemlichkeit.

 Wer beschleunigt und hochtourig fährt, erhöht auch den Spritverbrauch.

Mobilität ist ein großer Wirtschaftsfaktor und verbraucht viel Energie. Gerade im städtischen Bereich werden sich **neue Formen** bei Transport und Fortbewegung entwickeln.

Gute Autofahrer lassen es fließen, brauchen selten die Bremse und streicheln das Gaspedal nur sanft mit dem Fuß.

Rasen bringt nur wenig Zeitvorteil. Sind es mit 100 Stundenkilometern 5 Liter, die der Mittelklassewagen verbraucht, werden es bei 160 bis zu 10 Litern. Genügend Zeit einplanen spart Nerven und Sprit beziehungsweise Kilowattstunden beim E-Auto.

Viele Autos haben eine automatische Motorabschaltung, wenn der Wagen stoppen muss. Abschalten lohnt sich schon ab 10 bis 20 Sekunden Standzeit.

Fensterheber, Ventilation, Klimaanlage, beheizbare Heckscheibe – sie alle brauchen Strom, der vom Motor produziert wird und Sprit kostet. Die überwiegende Zeit im Jahr kann die Klimaanlage ausbleiben.

Regelmäßiger Ölwechsel schont den Motor, und wird Leichtlauföl verwendet, kann das 5 Prozent Sprit einsparen.

Zu wenig Reifendruck kostet zusätzlichen Sprit. Winterreifen haben mehr Reibungswiderstand als Leichtlauf-Sommerreifen. Reifendruck regelmäßig kontrollieren und den Reifenwechsel im Frühjahr nicht hinausschieben.

Der Umstieg vom eigenen Auto

So richtig viel nutzen Sie den eigenen Pkw gar nicht. Informieren Sie sich über die Möglichkeiten zum Carsharing und probieren Sie es aus. Die Garage können Sie ja vermieten oder selber nutzen für die Fahrräder, den Fahrradanhänger und einen E-Roller.

- Lassen Sie das Auto stehen. Für Einkäufe im Baumarkt stehen in Großstädten oft Lastenfahrräder zur Miete bereit.
- Machen Sie den nächsten Ausflug mit der Bahn. In den meisten Zügen kann man sein eigenes Fahrrad mitnehmen, und die Parkplatzsuche plus Gebühren entfallen.
- Kaufen Sie sich eine Monatsfahrkarte im öffentlichen Nahverkehr, wenn sich dieser Umstieg für Ihr Leben bewerkstelligen lässt.

Das eigene Auto ist nur oberflächlich betrachtet billiger als der öffentliche Nahverkehr oder die Bahn für Fernreisen. Denn neben Spritkosten fallen beim Auto auch Steuern, Versicherung, Parkgebühren, Garagenmiete, Wartung, Reparaturen und Wertverlust an. Das kann je nach Modell 500 bis 1000 Euro pro Monat ausmachen, hat der ADAC ausgerechnet. Ich weiß, das Auto bedeutet Freiheit und Autonomie. Ein Umdenken braucht seine Zeit, der Gedanke muss reifen. Vielleicht ist ein energiesparender Kleinwagen ein erster Zwischenschritt? Statusdenken über PS-Zahlen ist jedenfalls teuer.

Ein durchschnittlich besetzter Linienbus braucht nur halb so viel Sprit wie ein Pkw. Immer mehr Busse fahren zudem elektrisch. Die Bahn braucht sogar dreimal weniger Energie, hat das Bundesumweltamt ausgerechnet. Fast alle Züge fahren elektrisch aus überwiegend nachhaltigen Stromquellen. Allerdings muss man bei der Bahn auch kritisch hinzufügen, dass das Schienennetz und die Infrastruktur sowie deren Unterhalt aufwendiger sind als eine Straße. Ökologisch ist die Bahn in der Nutzung, nicht aber unbedingt beim Aufwand für die Bereitstellung der Dienstleistung.

Schauen Sie sich den neuen Sion (*www.sonomotors.com*) an, ein Auto mit Solarzellen auf der Karosserie, das wöchentlich für 100 bis 200 Kilometer Strom zum Fahren selbst produziert. Leicht, vernünftig und servicefreundlich. Sicher werden andere Anbieter das Konzept übernehmen. Wenn es schon ein Auto sein muss, ist dieses hier zukunftsweisend.

Internet

Das Internet ist voll von mehr oder weniger guten Seiten zum Thema Energiesparen. Hier einige Beispiele mit hilfreichen Tipps.
Google kennt noch viele mehr. Lassen Sie sich inspirieren und werden Sie zum Energiesparexperten.

https://www.bdew.de

https://www.co2online.de

https://www.energie-experten.org

https://www.energieland.hessen.de/Home

*https://www.energiewechsel.de/KAENEF/Navigation/
DE/Thema/energiespartipps.html*

https://www.finanztip.de/strom-sparen/

https://www.heizsparer.de

https://www.heizspiegel.de

https://www.heizung.de

https://www.muenchen.solar2030.de

*https://www.sueddeutsche.de/geld/energiespar-
ratgeber-energiekosten-senken-1.535246*

https://www.talu.de/energieverbrauchskennwert/

https://www.verbraucherzentrale-energieberatung.de

https://www.verbraucherzentrale.de

Register

A

Abgleich, hydraulischer 56
Autofahren 122 ff

B

BAFA 45
Balkonkraftwerk 77
Batterieladegerät 117
Bioabfall 46
Biomüll 16
Bügeleisen 116

C

Ceranfeld 87 f
Computer 13, 77, 82, 85, 107 f

D

Dämmung 22, 29, 35 ff, 57 ff, 61
dena 45
Durchflussbegrenzer 72

E

Energieausweis 10, 28 f, 38, 95
Energieberater 44 f
Energieeffizienzlabel 81, 107
Energiekennwert 27 ff, 40
Energiepreise 15, 20 f, 24, 74
Energieversorger wechseln 25
Energiewende 20, 35, 74, 77
Entlüften 10, 62
Erdüberlastungstag 14 ff
Erdwärmepumpe 27, 37

F

Fernwärme 25 f, 39, 46
Föhn 116, 120
Fotovoltaikanlage 24, 36 f, 39, 50, 54, 64, 75 ff, 98

G

Gallseife 71, 99
Gasetagenheizung 43, 46
Gasheizung 25, 46, 93
Gaspreis 20, 23, 25, 35, 39
Greenwashing 18

H

Halogenlampen 106
Haus, energieeffizientes 40
HeizCheck 39
Heizkostenabrechnung 22, 27, 37, 39
Heizlüfter 11, 21, 37, 51, 63, 107
Heizventile 62
Hocheffizienzpumpe 43, 74, 85
Holz- oder Kohleofen 48, 93
Holzpellets 19, 25, 35, 48

I

Induktionsfeld 86 f

J

Jahresenergieverbrauch 95
Jahresvergleich 26